Hans von Trotha

Die große Illusion

*Ein Schloss,
eine Fassade
und ein Traum
von Preußen*

BERENBERG

Nachrichten von der Website

»Berlin, 8. März 2020. Am Mittwoch Vormittag brach gegen 10:00 Uhr im Schlüterhof des wiederaufgebauten Berliner Schlosses ein Feuer aus. Dichte schwarze Rauchwolken zogen durch Berlin Mitte. Auf der Baustelle des Humboldt-Forums war ein Kocher für Gussasphalt in Brand geraten. Das Feuer breitete sich aus und griff auf einen zweiten Kocher über. Durch die Hitzeentwicklung explodierte auch eine Gasflasche. Als Folge des Brandes sind am Portal I des Gebäudes deutliche Rußspuren zu sehen. Nach Aussage der Berliner Feuerwehr wurde ein Arbeiter mit Verdacht auf Rauchvergiftung behandelt. Weitere Personen kamen nicht zu Schaden. Im Einsatz waren rund 80 Kräfte. Die Bauarbeiten werden planmäßig fortgesetzt.«

»Auf die Kuppel des weitgehend fertiggestellten Berliner Schlosses ist am Freitag, den 29. Mai 2020 mit hohem technischen Aufwand das Kreuz aufgesetzt worden. Somit entspricht die rekonstruierte Schlosskuppel dem Erscheinungsbild von 1853 bis zur Sprengung durch die DDR im Jahr 1950. Das 17,4 Tonnen schwere Ensemble aus Balustrade mit acht Engeln sowie Dach aus Palmwedeln mit Reichsapfel und dem Kreuz erhöht das nun nahezu fertiggestellte Bauwerk auf 68 Meter. Das heikle Unterfangen zog sich bis in die Abendstunden und wurde von hunderten, teilweise applaudierenden Schaulustigen begleitet.«

Zwei Meldungen, an die sich die eine oder der andere vielleicht erinnern wird, von denen uns die eine im Folgenden nicht, die andere sehr wohl noch beschäftigen wird. Was sie von anderen Meldungen rund um Deutschlands vielfach so genannte größte Kulturbaustelle unterscheidet, ist ihre Quelle. Sie sind unter den Überschriften *Brand im Berliner Schloss/Humboldtforum* und *Wiederaufrichtung des Kuppelkreuzes auf dem Berliner Schloss* online abrufbar (Stand Februar 2021), und zwar auf der Website *Preussen.de – Die offizielle Seite des Hauses Hohenzollern* und dort unter der Rubrik *Neuigkeiten. Aktuelle Ereignisse um das Haus Hohenzollern.* Dessen Vorstand, Prinz Georg Friedrich von Hohenzollern, Urenkel Kaiser Wilhelms II., hat den Bau des Humboldt Forums mit einer vorgeblendeten Nachschöpfung der historischen Barockfassade des Berliner Schlosses und der Mitte des 19. Jahrhunderts hinzugefügten Kuppel schon zu einem früheren Zeitpunkt als »lohnende Investition« bezeichnet. »Über die Entscheidung, die historische Mitte Berlins in dieser Form aufzuwerten, freue ich mich sehr«, sagte der Prinz 2007 der *Leipziger Volkszeitung*. Bei dieser Gelegenheit gab er übrigens auch zu Protokoll, dass er ein politisches Mandat »derzeit nicht« anstrebe. (*Berliner Morgenpost*, 24.7.2007)

Vorspiel auf dem Theater

Wäre jemand nach hundertjährigem Dornröschenschlaf zu jenem Zeitpunkt wieder aufgewacht, zu dem dieser Essay erscheint, sie oder er hätte wahrscheinlich nicht schlecht gestaunt über die sogenannte Berliner Republik des Jahres 2021: Das Schloss und der Prozess. Als habe Franz Kafka Pate gestanden, erhitzten, neben anderen, zwei Debatten die Gemüter, in denen es am Ende, wenn auch auf unterschiedliche Art und Weise und aus jeweils ganz anders gelagerten Gründen, aber dann eben doch um die Hohenzollern ging, die ehemalige deutsche Herrscherdynastie.

Da ist die mit enormem Aufwand nachgeschaffene Fassade einer Hohenzollern-Residenz als städtebauliche Kernaussage des wichtigsten Kulturprojekts der demokratischen Bundesrepublik; da ist ein Historikerinnen- und Historikerstreit, in dem die Vorzüge des deutschen Kaiserreichs gegen die Warnungen vor einer heiklen Diskursverschiebung ins Feld geführt werden, die nationalistischen Tendenzen in die Hände spielen würde; und da ist ein über lange Zeit diskret bis geheim behandelter drohender Rechtsstreit: die Republik gegen die ehemalige Herrscherdynastie, beziehungsweise umgekehrt – oder, wie es Jan Böhmermann in einer legendär gewordenen Folge seiner Sendung *Neo Magazin Royale* im Jahr 2020 formuliert hat:

»Unter uns – so schrecklich das Gebiss von Alexander Gauland ist, das ist nicht das größte Verbrechen, das wir Deutschen in unserer Geschichte begangen haben. Wer ein bisschen im Geschichtsunterricht aufgepasst hat oder nachts mal bei n-tv hängengeblieben ist oder bei Phoenix, dann kennt man das: Krieg hier, Völkermord da, na ja. Deutschland halt. Wir haben halt, historisch, wir haben ein bisschen Scheiße gebaut, um es mal wissenschaftlich auszudrücken. Wir haben Scheiße gebaut. Verständlich, dass heutzutage viele sagen: Ey Deutschland, du hast Scheiße gebaut! Wir wollen entschädigt werden. Die Juden, Sinti und Roma, die Länder Polen und Griechenland, das Volk der Herero aus der ehemaligen deutschen Kolonie ›Deutsch Südwest Afrika‹ – der erste Völkermord Deutschlands, an den Herero! Das war unser erster Völkermord, noch unter dem Kaiser. Alle wollen entschädigt werden. Die Liste ist unglaublich lang. Und die deutsche Haltung ist meistens von offiziellen Stellen: Hmm, interessant. Ist natürlich sehr schrecklich. Können wir nachvollziehen, aber Ihr kriegt natürlich gar nichts. Also Ihr nicht, Ihr Opfer Deutschlands! Aber ein Mann, der gibt nicht auf. Der will entschädigt werden. Gut, der ist jetzt nicht unbedingt ein Opfer, aber trotzdem: Er will entschädigt werden von Deutschland und geht deswegen dahin, wo es wehtut. Denn er hat – Eier aus Stahl! Es geht um Dich: Georg Friedrich Prinz von Preußen.«

Es geht um ein Gesetz aus dem Jahr 1994, das festschreibt, dass Enteignungen, die nach dem Zweiten Weltkrieg unter der sowjetischen Besatzung des Territoriums der späteren DDR in der Zeit von 1945 bis 1949 vollzogen wurden, nicht rückgängig gemacht, wohl aber zu einem späteren Zeitpunkt entschädigt werden sollten; bewegliche Güter seien zurückzugeben. Tatsächlich durften die Hohenzollern nach ihrer Absetzung eine große Zahl an Wertgegenständen und Immobilien als Privateigentum behalten. Dieser ausgesprochen milde Umgang der Juristen im Innenministerium der Weimarer Republik könnte damit zu tun haben, dass sich die entsprechenden Verhandlungen lang hinzogen, bis 1926. Da war das Vertrauen in die Institution der noch jungen Republik schon im Schwinden begriffen. Abgesehen davon, dass man im Berliner Innenministerium der Jahre 1918 bis 1926 mit einiger Wahrscheinlichkeit noch den einen oder anderen Monarchisten angetroffen haben dürfte.

Die im Einigungsvertrag in Aussicht gestellten Entschädigungen werden auf Antrag hin fällig. Es ist also durchaus eine politische, gesellschaftliche und nicht zuletzt historische Entscheidung, keineswegs eine Selbstverständlichkeit, wenn die Familie Hohenzollern sich hier als Erbin wertvoller Immobilien und Kunstgegenstände versteht, die ihr die Republik einst überlassen hat. Das ist durchaus von gesellschaftlicher Bedeutung, da die Restitutions-Regelung eine Klausel enthält, der zufolge der entsprechende Anspruch auf Entschädigung nicht geltend gemacht werden kann, wenn der damalige Eigentümer dem Nationalsozialismus »erheblich Vorschub geleistet« hat. Für die Auffassung aber, dass führende Mitglieder der Familie Hohenzollern dem Nationalsozialismus durchaus Vorschub geleistet haben, gibt es unter Historikerinnen und Historikern Argumente. Für die gegenteilige Auffassung auch. Hierzu verfasste Gutachten von vier Historikern wurden in der bereits erwähnten Folge von Jan Böhmermanns *ZDF Magazin Royale* geleakt und sind seitdem auf der Website *Hohenzollern.lol* einsehbar.

In der Sendung *Kulturfragen* im Deutschlandfunk hat der Historiker Eckart Conze im Interview seine Sicht der Dinge so dargelegt: »Wilhelm von Preußen, der Kronprinz, (...) war sehr erheblich verstrickt mit dem aufsteigenden Nationalsozialismus bereits vor 1933, aber auch dann nach dem 30. Januar 1933. (...) Das ist das Urteil des Historikers. Juristen folgen in diesen Dingen einer eigenen, einer juristischen Logik, der ich nicht vorgreifen kann. Aber man muss doch schon feststellen, dass die historische Logik, die historische Analyse überhaupt keinen Zweifel an der Tatsache zulässt, dass Kronprinz Wilhelm, aber im Übrigen auch sein jüngerer Bruder August Wilhelm, dem Nationalsozialismus erheblichen Vorschub geleistet haben.« (www.deutschland funk.de)

Conze ordnet den Umgang der Bundesrepublik Deutschland mit der Herrscherdynastie des Deutschen Reichs bis 1918 in eine Veränderung des gesellschaftlichen Klimas ein: »Dass die Hohenzollern derzeit so selbstbewusst und zum Teil auch offensiv ihre Forderungen erheben, hat auch etwas zu tun mit einem veränderten oder in Veränderung befindlichen geschichtspolitischen Klima, in dem die Geschichte dieses ersten deutschen Nationalstaats, des Kaiserreichs, doch in ein weicheres Licht getaucht wird seit einigen Jahren, in dem nicht die Kriegsgeburt dieses Reiches im Krieg gegen Frankreich, dieser aggressive Charakter des Nationalstaates, dann erst recht nach 1890 im Wilhelminischen Zeitalter, aber auch die autoritären Strukturen dieses Systems im Mittelpunkt stehen, sondern wo es Kräfte gibt (...), ein weicheres Bild zu zeichnen und dieses Kaiserreich als Nationalstaat anschlussfähig zu machen auch für die Bundesrepublik, des neuen Nationalstaats seit 1990.«

Die Rechtsprofessorin Sophie Schönberger bilanzierte Ende 2019 in einem Beitrag für die *Süddeutsche Zeitung*: »Die Gespräche mit den Hohenzollern verstetigen einen Geburtsfehler der Republik. (...) Dieses zombiehafte Fortleben der Monarchie weit nach ihrem Untergang zeigt an, wie sehr die deutsche Republik bis heute daran leidet, dass sie bei ihrer Gründung nicht konsequent mit ihrem monarchischen Erbe gebrochen hat.«

Auf *Deutschlandfunk Kultur* ergänzte sie: »Die Verhandlungen mit den Hohenzollern zeigen am Ende, dass die Bundesrepublik in gewisser Weise noch ein ungeklärtes Verhältnis zur Monarchie hat.« Und sie sagte: »Der Schlossbau in Berlin ist ein hochsymbolischer Akt, der diese ganzen ungewöhnlichen Konflikte, dieses ganze Thema der Monarchie wieder ins Zentrum Berlins rückt, und zwar städtebaulich, aber auch höchst symbolisch. Die Idee kommt ja aus den neunziger Jahren aus einer Zeit, als die Monarchie oder zumindest der Glanz der Monarchie noch ein gewisses Revival erlebt hat in der Bundesrepublik. Diese Zeiten sind jetzt vorbei, und trotzdem wird gerade jetzt das Schloss in dieser Form neu aufgebaut. Das ist eine symbolische Entscheidung, eine große symbolische Entscheidung mit Strahlkraft, die man nicht alleine auf eine städtebauliche Entscheidung reduzieren kann, sondern die Monarchie wird auf einmal höchst symbolisch als neu erschaffenes Gebäude ins Zentrum der neuen Republik gerückt.«

Pünktlich zum 150. Jahrestag der Reichsgründung von 1871 im Januar 2021 ist diese Fassade fertig geworden. 50 Jahre zuvor, anlässlich der 100. Wiederkehr des Jahrestags der Kaiserproklamation im Spiegelsaal von Versailles im Januar 1971, gedachte *SPIEGEL*-Herausgeber Rudolf Augstein des Deutschen Reichs in einem Kommentar. Im Sommer 1970 war die Ostpolitik der SPD im Bundestag angenommen worden, im Dezember war Willy Brandt in Warschau auf die Knie gefallen. Im Januar 1971 schrieb Rudolf Augstein im *SPIEGEL*: »Mir scheint, das Deutsche Reich, 1870/71 gegründet, ist 1970/71 gestorben. Es war schon längst untergegangen, aber was in den Wünschen und Herzen der Menschen lebt, ist nicht tot. Seit eine frei gewählte deutsche Regierung Deutschlands Ostgrenzen und den zweiten deutschen Staat anerkannt hat, ist alle Luft aus den Illusionen heraus. 100 Jahre sollst du leben! Das Bismarck-Reich erst als Realität, dann als Reise in die Vergangenheit, dann als Illusion ist genau 100 Jahre alt geworden. Im Jahr 1970 ist es dahingeschieden.«

Im Jahr 2021 nun ist die repräsentative Mitte dieses Deutschen Reichs als architektonische Illusion wiedererstanden. Es hatte zahlreiche Bauverzögerungen gegeben, also könnte man von einem Zufall sprechen. – Aber kennt die Geschichte die Kategorie des Zufalls?

Festzuhalten ist, dass die Debatte um die Restitution von Kulturgütern an die Familie Hohenzollern ebenso wie die Debatte um vermeintliche oder tatsächliche Renationalisierungstendenzen in der Gesellschaft der Berliner Republik vor der monumentalen Kulisse einer frisch wiedererrichteten Hohenzollern-Fassade in der Mitte der deutschen Hauptstadt zur Aufführung kamen.

Wie konnte es dazu kommen?

Ceci n'est pas un château?

»*Blendfassade*: Nicht zu verwechseln mit Vorhangfassade oder Verblendern. Der Begriff *Blendfassade* bezeichnet eine dem Gebäude lediglich *vorgeblendete* Fassade, die entweder nicht Teil der Tragstruktur ist, so dass sie leicht entfernt und erneuert werden kann, oder die einen Eindruck vermittelt, der aus verschiedenen Gründen nicht zum dahinter befindlichen Gebäude passt. So kann die Fassade die Funktion oder die Struktur des Gebäudeinneren verschleiern.« (Wikipedia)

»*Camouflage* (französisch ›Verschleierung‹) steht für:
– militärische Tarnkleidung und -anstriche, siehe Tarnung
– eine Technik der Abwehr (Sozialpsychologie)«
(Wikipedia)

»*Illusion*. Im engeren Wortsinn ist eine *Illusion* eine falsche Wahrnehmung der Wirklichkeit. In einem weiteren Wortsinn werden auch falsche Interpretationen und Urteile als *Illusion* bezeichnet. (...) In der psychiatrischen Fachsprache wird unter einer *Illusion* eine Sinnestäuschung verstanden. In Fällen, in denen bei der Wahrnehmung wirklich Vorhandenes als etwas anderes erlebt oder für anderes gehalten wird, als es tatsächlich ist, wird von ›illusionärer Verkennung‹ gesprochen. Illusionen stellen damit eine verfälschte wirkliche Wahrnehmung dar. So wird z. B. ein Baumstumpf als eine sich hinkauernde Gestalt verkannt oder die zweidimensionale Abbildung eines Gegenstandes mit dem dreidimensionalen Gegenstand selbst verwechselt. Illusionen unterscheiden sich deutlich von Halluzinationen, die Wahrnehmungserlebnisse darstellen und damit wie Sinneseindrücke erlebt werden, obwohl sie auf keine entsprechende Reizquelle bezogen werden können. Als Wahn bis hin zur Wahnwahrnehmung wird dagegen nicht eine Wahrnehmung, sondern eine Fehlbeurteilung der Realität bezeichnet, sozusagen eine falsche Meinung darüber, die – ähnlich einer festen Überzeugung oder fixen Idee – mit einer von der konkreten Erfahrung unabhängigen Gewissheit vertreten wird. An dieser wird gleichzeitig mit unbeeinflussbarer, unerschütterlicher Sicherheit festgehalten, auch wenn sie im

Widerspruch zur Wirklichkeit und selbst zur bisherigen eigenen Erfahrung einschließlich der von anderen Menschen und deren gesamten Denken und Meinen steht.« (Wikipedia)

»Ceci n'est pas un château.«
(Schriftzug in goldenen Lettern über dem Haupteingang des Potsdamer Landtags, dessen Fassade die Barockfassade des zu DDR-Zeiten abgetragenen Potsdamer Stadtschlosses imitiert)

»Es ist kein ander Heil, es ist auch kein anderer Name den Menschen gegeben, denn der Name Jesu, zu Ehren des Vaters, daß im Namen Jesu sich beugen sollen aller derer Kniee, die im Himmel und auf Erden und unter der Erde sind.«
(Schriftzug in goldenen Lettern über dem Haupteingang zum Humboldt Forum, dessen Fassade die Barockfassade des zu DDR-Zeiten gesprengten Berliner Schlosses imitiert)

Bauten und Botschaften

Es ist die größte Projektionsfläche Berlins. Und sie hängt nicht vor der Stirnwand eines Kinos, sondern mitten in der Stadt vor einem monumentalen Neubau. Dessen erster, in den Augen seiner Initiatoren wichtigster, für viele letzten Endes einziger Zweck war es ursprünglich, eine ganz bestimmte Fassade zu tragen – die nämlich, die er heute trägt. Was sich hinter dieser Fassade abspielt, also in dem Gebäude, das entsteht, wenn eine Fassade errichtet wird, war zunächst weder klar noch schien es wirklich wichtig. Hauptsache, das Gebäude würde stehen und aufgrund seiner Kubatur und seiner Fassade die Illusion erzeugen, es stünde dort nicht wieder, sondern noch.

Denjenigen, die diese Fassade unbedingt wiedererstehen lassen wollten, schließlich auch dem Deutschen Bundestag, der dies im Sommer 2002 mit großer Mehrheit beschloss und beauftragte, war das Projekt so wichtig, dass bei der Realisierung weder Kosten noch Aufwand gescheut werden sollten – dabei gab es immer noch keine Nutzung für das Gebäude. Hauptsache, die Fassade, diese Fassade würde entstehen. Warum? Welche Botschaft geht von dieser Fassade aus, dass sie für eine einflussreiche Lobby eine derartige Bedeutung bekommen konnte? Und – ist der Plan derer, die dieses Projekt propagierten, die diese Fassade unbedingt haben wollten, aufgegangen? Welche Botschaft sendet die Fassade jetzt, da sie realisiert ist? Oder – umgekehrt – was lässt sich auf sie projizieren?

Eine Fassade, schon gar die Fassade eines besonders großen Gebäudes und erst recht die Fassade eines besonders großen, vom Staat für die Mitte seiner Hauptstadt in Auftrag gegebenen Gebäudes ist immer ein Statement, ein Zeichen, eine Botschaft. Ganz gleich, wie ein Bau definiert wird, was er sein will oder sein soll, was man gern hätte, dass er wäre – er spricht zu uns. Und das tut er in der Form, in der er da ist, unmittelbar. Er beeindruckt uns, leitet unsere Gedanken, regt unsere Phantasie an. Vielleicht manipuliert er auch unsere Gefühle. Immer löst er Assoziationen aus. Die Geschichte hinter der Fassade, die im Vorfeld womöglich geführten Diskussionen, Alternativen, geschlossenen Kompromisse, Hoffnungen, Erwartungen, Befürchtungen, die vor der Realisierung damit verbunden gewesen sein mögen, vermittelt eine Fassade nicht, sobald sie einmal realisiert ist.

In der Zeitschrift *Arch+* schrieb der Kunsthistoriker Adrian von Buttlar im Dezember 2020 angesichts des fertiggestellten Humboldt Forums, ihn überkomme ein »kafkaeskes Unwohlsein« darüber, »dass der von Anbeginn höchst umstrittene Gegenbau zur einstigen politischen Hoheitsmitte der DDR letztlich wie ein UFO in unserer zunehmend verunsicherten Gegenwart gelandet ist: Nach wie vor steht die alte rhetorische Frage im Raum: Was ist das eigentlich? Wer spricht hier mit wem auf welche Weise und über was?«

Auf den folgenden Seiten geht es um Botschaften: um Botschaften, denen wir ausgesetzt sind; um Botschaften, die ausgesandt werden wollen, und solche, die ausgesandt werden sollen; aber auch um Botschaften, die ausgesandt werden, obwohl das womöglich niemand beabsichtigt hat; um Botschaften, die sich hinter dem, was Menschen tun, bisweilen verbergen; auch um Botschaften, die Menschen hinter dem, was sie sehen, vermuten. Dieser Essay ist ein Versuch über eine Fassade. Es ist nicht die Analyse eines Architekturkritikers, auch nicht das Ergebnis von Forschungen eines Historikers, es sind eher die Gedanken eines Flaneurs, der sich einem Neubau in der Mitte der deutschen Hauptstadt annähert, der durch seine Erscheinung behauptet, etwas anderes zu sein als das, was er ist. Denn das ist die erste Botschaft, die dieser Bau aussendet, wenn man ihm unvoreingenommen begegnet. Und das bleibt irritierend.

Wirklich Neues ist von einer solchen Annäherung nicht zu erwarten. Wohl über keine Baustelle in Deutschland ist in den vergangenen drei Jahrzehnten so viel gestritten, berichtet, gesprochen und geschrieben worden wie über die, an deren Ende die Enthüllung der zur Debatte stehenden Fassade stand. Aber gerade weil sich dieser Vorgang über einen so langen Zeitraum erstreckt hat, wobei manches vielleicht in Vergessenheit geraten ist, manches womöglich auch in Vergessenheit geraten sollte, lohnt es sich, den Blick noch einmal auf einige der neuralgischen Momente der Debatten, auf ihre Geschichte, ihre Dynamik und ihre Ergebnisse zu lenken. Sind sie einmal vollendet, wird die Geschichte hinter den Gebäuden ja meistens schnell vergessen zugunsten der Botschaften, die sie dann in die Stadt und in die Welt senden. In diesem Fall sind die Diskussion um die Fassade und die Geschichte ihrer Entstehung aber ein wichtiger Bestandteil des realisierten Ergebnisses. Sie gehören zur Botschaft der Fassade und damit des Gebäudes, das diese Fassade abschließt. Vielleicht sind diese Diskussion und diese Geschichte, genau besehen, die eigentliche Botschaft – zumal die Botschaft, die diese Fassade ursprünglich aussenden sollte, als sie das erste Mal errichtet wurde, wohl niemand ernsthaft wiederholt sehen will. Oder etwa doch?

Es soll im Folgenden ausschließlich die Fassade befragt werden, nicht die Institution, die sich hinter ihr formiert,

das sogenannte Humboldt Forum, das ein Konzept exekutiert, das nach anhaltenden Diskussionen für diesen monumentalen Kulturort beschlossen wurde, ein modernes Museum für die außereuropäischen Kulturen. Die Geschichte
des Berliner Schlosses, das an der entsprechenden Stelle
einmal stand, sowie der Institution Humboldt Forum, die an
die Stelle dieses Schlosses gesetzt wurde, hat der Kunsthistoriker Horst Bredekamp, einer der Gründungsintendanten
eben jenes Humboldt Forums, im Jahr 2019 in einem bilanzierenden Vortrag vor dem Posener kunsthistorischen Institut nachgezeichnet (pressto.amu.edu.pl). Die Stiftung Humboldt Forum im Berliner Schloss publiziert zudem auf ihrer
Website vielerlei Texte rund um das Gebäude und die Institution. Unabhängig von diesen Darstellungen und den vielfältigen Debatten, ist Gegenstand der folgenden Überlegun-
gen also nicht die Institution, die hier im Werden begriffen
ist, sondern lediglich die Fassade, hinter der sich zu verbergen schon ihr Schicksal war, bevor die Idee eines Humboldt
Forums überhaupt formuliert wurde.

Von Anfang an war in der Diskussion um die Fassade
der ehemaligen Hohenzollern-Residenz bemängelt worden,
dass deren Realisierung vollkommen unabhängig von der
Nutzung eines hinter ihr entstehenden Gebäudes gefordert,
forciert, schließlich erstritten wurde. Für die ursprüngliche
Nutzung des Gebäudes, Herrschaftsresidenz der Dynastie
der Hohenzollern erst als kurfürstliches, dann als königli-
ches, schließlich als Kaiserschloss, bestand ja offenbar kein
Bedarf. Zur Eröffnung des Humboldt Forums im Dezember

2020 erinnerte der *Tagesspiegel* an das Befremden zweier mächtiger Berliner Kulturmanager jener Zeit, in der ein Aufbau der Fassade diskutiert wurde, die beide qua Amt in die Entscheidungen involviert waren:

»Noch 2016 stellte, im Nachhinein, Peter-Klaus Schuster, von 1999 bis 2008 Generaldirektor der Staatlichen Museen Berlins, im Blick auf die Fassadenbefürworter irritiert fest: ›Keiner der Befürworter entwickelte eine überzeugende Idee, zu welchem Zwecke das von so vielen gewünschte Schloss wieder aufgebaut werden sollte (...)‹ Und Klaus-Dieter Lehmann, Präsident der Stiftung Preußischer Kulturbesitz, wunderte sich: ›Niemand fragte nach dem Zweck, vielleicht ein Hotel, eine Shopping-Mall, ein Konferenzgebäude (...) es war eine hilflose Diskussion, ohne Bezug zur historischen Dimension.‹« (Gerd Appenzeller im *Tagesspiegel* am 1.12.2020)

Die konsequente Trennung von Fassade und Gebäude mag ungewöhnlich erscheinen, ist aber im vorliegenden Fall Teil des Programms und führt auf die Spur der Besonderheiten dieses Bauprojekts und seiner Geschichte. Der Standort, an dem es erst erträumt, dann debattiert, dann entworfen, schließlich realisiert wurde, ist offenbar mit derart komplexen und widerstreitenden Botschaften aufgeladen, Projektionsfläche für so viele, so unterschiedliche Visionen, dass das Ergebnis ein Kompromiss geworden ist, den manche feiern, eben weil es ein Kompromiss ist, und der andere aus demselben Grund verstört oder auch empört. Denn die Botschaft, die von diesem Kompromiss ausgeht, variiert extrem, je nachdem wer die Empfängerin ist oder der Empfänger.

Wie diese Botschaft ausfällt, hat nicht nur damit zu tun, welche gesellschaftlichen, politischen, weltanschaulichen Positionen eine oder einer vertritt, sondern auch damit, was und wie viel man über die Geschichte der Fassade weiß. Deswegen lohnt sich ein Blick zurück in die Zeit, in der diese Fassade von einer einflussreichen Gruppe offenbar als die angemessene Antwort auf eine historische, gesellschaftliche und städtebauliche Herausforderung für die Zukunft erschien: die Gestaltung der Mitte der gerade erst wiedervereinigten Hauptstadt des gerade erst vereinigten Deutschland.

Im Folgenden geht es um die Rekonstruktion einer Fassade als Rekonstruktion der Idee, die sie verkörpern soll. Es geht nicht um Polemik. Aber es geht schon um die Frage, was die treibende Kraft war und woraus sich die enorme Sicherheit, das überbordende Selbstbewusstsein und die Entschiedenheit der Beteiligten speiste, die dieses Projekt einer gigantischen Projektionsfläche als neuer Mitte einer wiedervereinigten Stadt vorangetrieben haben. Seine Rechtfertigung bezieht das Projekt nun daraus, dass es realisiert worden ist. Das heißt aber keineswegs, dass die Entscheidungen, die zu seiner Realisierung geführt haben, alle zwingend waren oder einleuchtend sein müssten oder auch nur für alle heute noch nachvollziehbar. Mit diesem Gebäude und dieser Fassade wurde künftigen Generationen eine andere als diese Gestaltung von Berlins Stadtmitte buchstäblich verbaut, sehenden Auges, denn auf diesen Aspekt des Projekts ist in der damaligen Diskussion immer wieder hingewiesen worden. Aber ganz offenbar war das das Ziel: eine Botschaft, die sich aus der Vergangenheit speist, soll in die Zukunft transportiert werden.

Ich bin kein Kunsthistoriker. Ich bin Historiker und Philologe. Daraus folgt ein Unterschied in der Betrachtungsweise der Dinge, schematisch gesprochen. Naturgemäß gibt es ungezählte Grenzgängerinnen und Grenzgänger, die eine solche Unterscheidung in der Praxis obsolet machen. Aber sie kann vielleicht helfen, unterschiedliche Herangehensweisen zu charakterisieren. Kunsthistorikerinnen und Kunsthistoriker nehmen demnach in der Regel die Objekte in den Blick, die sie zunächst analysieren, an und für sich betrachten und dann, mehr oder weniger weit zurücktretend, in Zusammenhänge einordnen. Sie sind im Interesse der Erkenntnis Objektfetischistinnen und Objektfetischisten, deswegen erreichen sie im Umgang mit den Objekten oft eine enorme Tiefe und finden über die Objekte viel heraus, im doppelten Sinne: über das jeweilige Objekt als Gegenstand, aber auch weit über das Objekt hinausgehend über die Welt. Philologinnen und Philologen dagegen denken in Strukturen, in die sie Objekte, Ereignisse, aber auch Ideen einordnen. Das kann eine Sprache sein, ein Text, aber auch ein anderer Zusammenhang, eine andere Struktur, eine Stadt zum Beispiel, eine Gesellschaft, die Geschichte. Sie sind eher Strukturalistinnen, Strukturalisten als objektorientiert. Das einzelne Bild, im konkreten Fall die Fassade der Stiftung Humboldt Forum im Berliner Schloss (so der offizielle Name der Institution), entwickelt sein Potenzial als Untersuchungsgegenstand für philologisch geschulte Betrachterinnen und Betrachter erst als Teil von Zusammenhängen, also zum Beispiel als Moment in der Geschichte seiner Entstehung, als Baustein einer Mystifizierung, als politische Metapher, im Kontext der sich wandelnden Stadt oder der sich verändernden politisch-gesellschaftlichen Verhältnisse oder auch als Projektionsfläche einer Illusion.

Nation und Nationalismus

La grande illusion. Die große Illusion. So hat der französische Regisseur Jean Renoir einen legendären Antikriegsfilm genannt, der, 1937 – also kurz vor Ausbruch des Zweiten Weltkriegs – gedreht, eine Geschichte aus einer Epoche erzählt, die offensichtlich damals schon als längst untergegangen wahrgenommen wurde: die Zeit des Ersten Weltkriegs. Die Protagonistinnen und Protagonisten geben sich der Illusion hin, dass bald Frieden sei, vielleicht ja sogar dauerhaft.

Die große Illusion. So hat der bereits zitierte Historiker Eckart Conze eine Interpretation des Friedens von Versailles genannt, das Ende jenes Ersten Weltkriegs, der den Rahmen für die Handlung von Jean Renoirs Film liefert und der auch das Ende des deutschen Kaiserreichs bedeutete. Conzes Buch trägt den Untertitel *Versailles 1919 und die Neuordnung der Welt.* Es erschien 100 Jahre nach der für das 20. Jahrhundert so folgenreichen Proklamation eines Friedens im Spiegelsaal von Versailles, der Deutschland betreffende unter den sogenannten Pariser Vorortfrieden, die den Abschluss einer großen internationalen Konferenz in Paris markierten. Deren Protagonisten, und die wenigen Protagonistinnen (tatsächlich hatte die internationale Frauenwahlrechtsbewegung Delegierte nach Paris geschickt, um ihr Anliegen voranzubringen), gaben sich der Illusion hin, es sei möglich, aus widerstreitenden nationalen Interessen eine stabile internationale Ordnung zu schaffen.

Die Verkündung der Friedensbedingungen für das vernichtend geschlagene Deutschland ausgerechnet im Spiegelsaal des Schlosses von Versailles bezog sich in einem Gestus triumphaler Revanche auf die Deklaration eines deutschen Nationalstaates an eben diesem Ort am 18. Januar 1871. Ein berühmtes Gemälde, das der Historienmaler Anton von Werner für den größten Saal im Berliner Schloss, den legendären *Weißen Saal*, auftragsgemäß anfertigte, hat die Szene in idealisierter Form festgehalten. Es ist zur Ikone des Ursprungs eines deutschen Nationalstaats geworden, der auf Betreiben und unter Führung Preußens entstand. Die Protagonisten gaben sich der Illusion hin, eine geeinte Nation könnte den Deutschen mehr Reichtum, mehr Einfluss und Macht, mehr Wohlstand, irgendwann – damit hatten sie es nicht ganz so eilig – vielleicht auch Frieden und ein gutes Leben unter den Bedingungen einer Moderne garantieren, deren umwälzende Veränderungen gerade spürbar zu werden begannen. Das Deutsche Reich, dessen Gründung Anton von Werners monumentales (4,34 mal 7,32 Meter) Gemälde im Berliner

Schloss zelebrierte, sollte es nicht lang geben. Aus einem Krieg, dem Deutsch-Französischen Krieg von 1870/71, war es hervorgegangen, in einem Krieg ging es auch zugrunde: 1918, am Ende jenes Kriegs, in dem Jean Renoirs *La grande illusion* spielt, war schon wieder Schluss mit dem Versuch, an das Heilige Römische Reich Deutscher Nation anzuknüpfen. Während Jean Renoir seinen Film schrieb und drehte, tobte innerhalb der deutschen Grenzen aufs Allerschlimmste gerade der sogenannte dritte Versuch.

Die erste und vordringlichste Botschaft der Fassade, um die es hier geht, ist die Aufforderung zu einem Blick in die Vergangenheit des Orts, an dem sie wiedererrichtet wurde, und des Gebäudes, zu dem sie früher gehörte. Es war das Residenzschloss der Könige von Preußen, nach der Einigung Deutschlands zum Nationalstaat 1871 der deutschen Kaiser.

Auch der Einigung zu einem deutschen Nationalstaat hat der Historiker Eckart Conze ein Buch gewidmet. Es erschien im Herbst 2020 mit Blick auf die 150. Wiederkehr der Reichsgründung im Januar 2021. Conze gab ihm den Titel *Schatten des Kaiserreichs. Die Reichsgründung von 1871 und ihr schwieriges Erbe.* Es schildert den Vorgang der Einigung Deutschlands und verfolgt die Debatten, die diese Einigung im Lauf der folgenden eineinhalb Jahrhunderte auslöste, geprägt von den und manchmal auch prägend für die politischen und gesellschaftlichen Fragen, die die Zeit jeweils bewegten. Dabei wird deutlich, dass *diese* Einigung, also die Einigung zum deutschen Kaiserreich in der Form, in der es nach 1871 real existierte, als »Kriegsgeburt«, als kleindeut-

Anton von Werner, Die Proklamation des deutschen Kaiserreichs.
Fassung für das Berliner Schloss, enthüllt am 22. März 1877.
Öl auf Leinwand, 4,34 × 7,32 m, Kriegsverlust; nur als Schwarz-
Weiß-Fotografie erhalten.

sche Lösung (also ohne Österreich), als Revolution von oben, unter der Dominanz Preußens, gegen den Willen vieler Beteiligter (vor allem der süddeutschen Staaten), unter Ausschluss jedweder parlamentarischen Beteiligung, schließlich als autoritärer Zentralstaat alles andere als »alternativlos« war. Der Begriff, den Bundeskanzlerin Angela Merkel im Zusammenhang mit der Euro-Rettungs-Krise zur seither viel zitierten Chiffre dafür machte, dass es bisweilen unnötig sei, politisches Handeln logisch zu erklären und nachvollziehbar zu begründen (was bei der Namensfindung für eine rechte Fundamentalopposition, die *Alternative für Deutschland*, eine Rolle gespielt haben dürfte), fällt nicht nur bei Eckart Conze, sondern auch in anderen Darstellungen der Ereignisse von 1871, etwa in Christoph Jahrs ebenfalls im Herbst 2020 erschienenen Buch *Blut und Eisen*, dessen Untertitel die Rolle Preußens für die Reichseinigung von 1871 so fasst: *Wie Preußen Deutschland erzwang*. So anachronistisch die Anwendung des Begriffs *alternativlos* in seiner politischen Bedeutung von 2010 auf die komplexen politischen Verhältnisse im Europa des ausgehenden 19. Jahrhunderts ist, so kommt sie doch nicht von ungefähr: Hat doch eine nationalistische Geschichtsschreibung viel darangesetzt, das Gegenteil zu behaupten, also darzulegen, dass die Einigung Deutschlands unter der strammen Führung Preußens immer das Ziel der Geschichte gewesen sei – mithin also eben doch *alternativlos*.

Eckart Conze erzählt die Geschichte der Einigung Deutschlands zum Kaiserreich nicht nur um ihrer selbst, sondern vor allem um der Konsequenzen willen, die sich aus ihr ergeben haben. Dabei hat er mit seinem Buch, das er eine »geschichts-politische Intervention« nennt, eine Debatte innerhalb sei-ner Zunft ausgelöst, die auch in den Feuilletons ausgetragen wurde. Einerseits hatte das mit dem Jahrestag zu tun, der 150. Wiederkehr der Reichsgründung, die nicht zuletzt we-gen Anton von Werners stets im Bildgedächtnis der Deut-schen präsenten Gemälde immer gleich ein Bild erzeugt und damit verbunden Emotionen. Der lebhafte Streit um Conzes »Intervention« ist aber auch eine Folge davon, dass sich über eine intensive, zum Teil auch öffentlich diskutierte Beschäftigung mit dem 19. Jahrhundert, ein neues, differen-ziertes Bild des deutschen Kaiserreichs, des ersten National-staats der Deutschen, ergeben hatte, immer wieder angeregt durch Jahrestage (etwa 100 Jahre Ausbruch des Ersten Welt-kriegs im Jahr 2014 oder 100 Jahre Frieden von Versailles im Jahr 2018, aber auch der 200. Geburtstag Otto von Bismarcks, des wichtigsten und umstrittensten deutschen Politikers im 19. Jahrhundert, ohne den es das deutsche Kaiserreich zu diesem Zeitpunkt und in dieser Form nicht gegeben hätte, im Jahr 2015).

Eckart Conze macht im ersten Viertel des 21. Jahrhun-derts in dem seit 1990 wieder zum Nationalstaat vereinten Deutschland eine »Renationalisierung, ja einen neuen Natio-nalismus« aus, »der außenpolitische Bindungen, nicht zu-letzt in Europa, infrage stellt und innenpolitisch und gesell-schaftlich einer völkisch bestimmten nationalen Identität das Wort redet«. Der Historiker spricht von »Dynamiken der Renationalisierung« und resümiert: »Unkritisch und offensiv bekennt sich ein neuer Nationalismus zur preußisch-deutschen Nationalgeschichte und stellt die Berliner Republik in ihre schwarz-weiß-rote Tradition.«

In verschiedenen Repliken wurde Conze vorgeworfen, die neuen Forschungsergebnisse zum 19. Jahrhundert nicht genügend zu würdigen und einseitig auf die »Schatten des Kaiserreichs« zu verweisen, ohne die gesellschaftlichen Fortschritte jener Epoche ausreichend zu berücksichtigen. So befand die Historikerin Birgit Aschmann in der *Frankfurter Allgemeinen Zeitung*:

»Conzes Bild des Kaiserreichs folgt einer historiographischen Pendelbewegung, auf die er selbst eingeht. Hatte die deutsche Geschichtsschreibung bis in die fünfziger Jahre hinein ein weithin positives Bild der Jahre zwischen 1871 und 1914 gepflegt, das sich vom Nationalsozialismus und der ungeliebten Weimarer Zeit abhob, kehrte sich seit den sechziger Jahren mit den Thesen des Hamburger Historikers Fritz Fischer und der ›Bielefelder Schule‹ die Blickrichtung um. Fortan galten auch und gerade die gesellschaftlichen Strukturen des Kaiserreichs als ursächlich für den Ersten Weltkrieg und den Nationalsozialismus. In umfangreichen Forschungsprojekten versuchten Historiker nun, die Deformation des kaiserzeitlichen Bürgertums als Ursache der Katastrophen des zwanzigsten Jahrhunderts dingfest zu machen. Letztlich aber scheiterte dieses Vorhaben, erwiesen sich doch das Kaiserreich als weniger undemokratisch und der Westen als weniger vorbildlich als gedacht. Fortan konzentrierte sich die Erklärung des Nationalsozialismus, erst recht des Holocausts, auf den Ersten Weltkrieg und Weimar, während die vom politisch-moralischen Erklärungszwang befreite Historiographie des neunzehnten Jahrhunderts ein vielschichtigeres Bild der deutschen Gesellschaft und Kultur entwickelte.« (*Frankfurter Allgemeine Zeitung*, 9.1.2021)

Birgit Aschmann wirft Eckart Conze vor, »aus purer Abwehrhaltung veraltete Bilder vom Kaiserreich einzufrieren. Natürlich gab es die ›Schatten des Kaiserreichs‹, also Militarismus, Nationalismus und Obrigkeitsstaat. Aber erst in Kombination mit der breiten kultur- und politikgeschichtlichen Forschung, die die gegenläufigen Phänomene von Pluralisierung, Demokratisierung, Rationalisierung und Emotionalisierung in Politik und Gesellschaft betont, ergibt sich ein ›vollständiges‹ Bild jener Epoche.«

In der Wochenzeitung *DIE ZEIT* konstatierte die Historikerin Hedwig Richter in einer »Replik auf Eckart Conze«: »Das Kaiserreich war moderner, als seine Kritiker glauben.« Sie meint: »Die Diskussion, die (Conze) angestoßen hat, kreist letztlich um die Frage: Darf man der deutschen Öffentlichkeit neuere Erkenntnisse über das Kaiserreich zumuten, die ein komplexeres Bild zeichnen? Oder relativiert das die deutsche Schuld am Nationalsozialismus?« Und: »Zweifellos: Militarismus, Antisemitismus und Kolonialismus prägten das Kaiserreich. Doch sie lassen sich erst angemessen analysieren, wenn man sie als globale Phänomene begreift.« Schließlich meint Hedwig Richter: »Die Deutschen erlebten damals, wie die US-Historikerin Margaret Anderson schreibt, ›Lehrjahre der Demokratie‹ (und nicht nur den Aufstieg völkischer Bewegungen). Das Parlament entwickelte sich gegen das Toben des oft verspotteten Kaisers zu einer maßgeblichen Instanz.« (*DIE ZEIT*, 20.1.2021)

Auf *Deutschlandfunk Kultur* kommentierte dagegen die Historikerin Christina Morina: »Ich glaube, in dem Bereich sind sich auch die Historikerinnen und Historiker inzwischen einig, dass das eine Epoche war, die zur Vorgeschichte des heutigen Deutschlands gehört, die aber sehr kritisch gesehen wird, die als Machtstaat, als autoritärer Machtstaat eben keine Traditionslinie ist, in die wir uns heute bewusst stellen, sondern eine Epoche, die Gott sei Dank überwunden ist. (...) Es gibt starke Demokratiebewegungen, die nicht wegen oder mit dem System des Kaiserreichs, sondern trotz dieses autoritär verfassten, dieser konstitutionellen Monarchie gewachsen sind, die selbstverständlich zu unserer demokratiegeschichtlichen Tradition gehören – da ist die Sozialdemokratie ganz vorne zu nennen, aber selbstverständlich auch die Frauenbewegung und andere liberale und liberaldemokratische Vereinigungen. (...) Ich weiß nur nicht, was Sinn und Zweck einer Diskussion ist, die versucht, daraus Bezugspunkte zu holen. Denn insgesamt glaube ich, in der Gesamtbewertung ist es eben ein Staat, der die Demokratie nicht als Ideal vertrat, sondern sozusagen als Zugeständnis ermöglichte, wenn es passte.«

Außerdem findet auch Christina Morina: »Zur Geschichte der Bundesrepublik gehört immer auch ihre Herausforderung von rechter, nationalistischer Seite. Das ist etwas, was gerade in letzter Zeit – deshalb ist eben, glaube ich, die Diskussion um die Relevanz der Reichsgründung und des ersten deutschen Nationalstaates heute auch wichtig –, was in letzter Zeit eben auch wieder stark zunimmt und inzwischen in der AfD auch eine parlamentarische Repräsentation hat, die es in der Geschichte der Bundesrepublik niemals zuvor gegeben hat.«

In der *Süddeutschen Zeitung* wunderte sich der in Cambridge forschende Historiker Oliver F. R. Haardt, »mit welcher Emotionalität die Debatte über 150 Jahre Kaiserreich hierzulande unter Historikerinnen und Historikern geführt wird. Denn das ist längst nicht bei jedem wichtigen historischen Jubiläum in Deutschland so. Die Diskussion zur 500-Jahr-Feier der Reformation war beispielsweise deutlich nüchterner. Das Kaiserreich scheint dagegen nach wie vor einen besonderen Nerv in der Zunft zu treffen.« (*Süddeutsche Zeitung*, 3.2.2021)

Ebenfalls in der *Süddeutschen Zeitung* schob Joachim Käppner unter dem Titel »Des Kaisers alte Kleider« nach: »Das wilhelminische Reich war nicht besser als sein Ruf. Im Gegenteil.« (*Süddeutsche Zeitung*, 17.3.2021)

Es mutet schon ein wenig bizarr an, dass eine solche leidenschaftliche Debatte unter Historikerinnen und Historikern über die Interpretation des deutschen Kaiserreichs mit ihren unmittelbaren Bezügen in unsere Gegenwart, zur Politik von heute und zur deutschen Gesellschaft der zwanziger Jahre des 20. Jahrhunderts vor der gerade wieder fertiggestellten Fassade des Residenzschlosses der deutschen Kaiser aufglüht. Denn dieses neuerdings wieder so heftig diskutierte, umstrittene, vielschichtige, offensichtlich vor allem aber deutungsbedürftige Deutsche Reich spielt notgedrungen eine Rolle, wenn man vor der neuen Illusionsfassade des alten Berliner Schlosses steht.

In dem am Ende eines solchen Buchs üblichen Dank heißt es in Eckart Conzes *Schatten des Kaiserreichs*: »Dieses Buch, das Geschichte und Gegenwart zu verbinden sucht, gäbe es nicht ohne die Familie Hohenzollern.« Der Autor hat sich als Historiker und als Publizist immer wieder zu dem Konflikt geäußert, der zwischen dem Haus Hohenzollern, vertreten durch dessen Oberhaupt Prinz Georg Friedrich, und Institutionen der Bundesrepublik Deutschland um die Restitutionsansprüche der Familie entbrannt ist. Es ist, wie schon erwähnt, zumindest auf den ersten Blick und rein juristisch betrachtet, eine Konsequenz aus dem Einigungsvertrag von 1991. Es ist aber darüber hinaus auch eine sehr späte Auseinandersetzung der Demokratie mit ihrem monarchisch-monarchistischen Erbe. Als gäbe es da noch etwas zu klären. Aber – vielleicht gibt es da ja auch noch etwas zu klären? So wie Menschen, die ihre Pubertät nicht ausgelebt haben, mitunter später Dinge tun, die sie besser in jugendlichem Alter getan hätten, was aber, aus welchen Gründen auch immer, unterblieben ist. Hat die Bundesrepublik Deutschland, die zu Recht stolz ist auf ihre weltweit als vorbildlich wahrgenommene Demokratie, etwa ein ungeklärtes Verhältnis zur Monarchie? Steht dahinter gar die mehr oder weniger ausgesprochene Sehnsucht von Bewohnerinnen und Bewohnern eines in vielerlei Hinsicht ausgeklügelt demokratisch austarierten Föderationsstaatswesens nach einer zentralen Instanz, die entscheidet – und zwar qua Amt und Aura? Ist also auch diese Debatte womöglich nicht ein überfälliger juristischer Akt der Entschädigung, sondern auch »schwieriges Erbe«? Länder wie Frankreich oder Österreich haben den Bruch der demokratischen mit der monarchischen Tradition sehr viel klarer markiert als die deutsche Republik nach dem Ersten Weltkrieg. Muss man das ausgesprochen ausgeprägte Selbstbewusstsein der Hohenzollern gegenüber der Republik und das nicht ganz so ausgeprägte Selbstbewusstsein in umgekehrter Richtung womöglich in einem größeren Zusammenhang sehen, eine Entwicklung, die der Literaturwissenschaftler, Publizist und Professor emeritus der Stanford University Hans Ulrich Gumbrecht Ende 2020 in die Frage gemünzt hat: »Wie sollen wir Mitglieder der gebildeten Elite reagieren, falls sich herausstellen sollte, dass einer Mehrheit unserer Mitbürger bestimmte Formen sozialen und politischen Zusammenlebens vorschweben, die wir nicht mit gutem Gewissen als ›demokratisch‹ ansehen können?« (*Süddeutsche Zeitung*, 19.12.2020)

Seinen auf den ersten Blick provokant wirkenden Dank an die Familie Hohenzollern am Ende seines Buchs erklärt Eckart Conze folgendermaßen: »Die kontroverse öffentliche Diskussion über die Entschädigungsansprüche der Familie hat den letzten Anstoß gegeben. Es ist der Blick eines Zeithistorikers auf das Kaiserreich, geleitet von der Frage, welche Bedeutung der Nationalstaat von 1871 für die historische und politische Selbstverständigung der Deutschen nach 1945 hatte und bis heute hat.«

Vor allem zwei Debatten erscheinen Conze in diesem Zusammenhang alarmierend: die erwähnte um Restitutionsansprüche der Familie Hohenzollern und jene um den Bestseller *Die Schlafwandler. Wie Europa in den ersten Weltkrieg zog* des australischen Historikers Christopher Clark aus dem Jahr 2013, den viele als Plädoyer für eine deutsche »Kriegsunschuld« (Conze) gelesen haben, in Absetzung von einer in den vorangegangenen Jahrzehnten immer wieder von der Geschichtswissenschaft konstatierten »Kriegsschuld« Deutschlands – eine wichtige Voraussetzung für eine Geschichtsrevision, in der der deutsche Nationalstaat in einem deutlich freundlicheren Licht dastehen könnte, als er es nach 1945 weithin tat.

»Das Kaiserreich«, kolportiert Conze die Clark-Debatten von 2014, »werde in ein schlechtes Licht gerückt, es werde als autoritär und aggressiv charakterisiert, um das Deutschland des 21. Jahrhunderts zu treffen und es an einer selbstbewussten nationalen Politik zu hindern. Die 2017 erstmals in den Bundestag gewählte AfD plädiert für eine Außenpolitik, die sich an Bismarck orientiert, und beklagt in einem Parlamentsantrag, dass die ›gewinnbringenden Seiten der deutschen Kolonialzeit erinnerungspolitisch keinen Niederschlag finden‹. Zugleich wird darüber gestritten, ob der deutsche Völkermord an den Herero und Nama in den Jahren 1904 bis 1908 Entschädigungsleistungen rechtfertigt. Auch der Umgang mit Kunst und Kultur aus kolonialen Kontexten ist umstritten. Das zeigt nicht zuletzt die Diskussion über das im wiedererrichteten Berliner Stadtschloss der Hohenzollern beheimatete Humboldt Forum und seine Ausstellung.«

Hier begegneten sich zum Zeitpunkt der Eröffnung des Berliner Humboldt Forums Ende 2020 zwei Debatten, die eigentlich nichts miteinander zu tun haben wollten: die Debatte um die Ausstellung innerhalb des Gebäudes, also seine Nutzung, und die Debatte um die Fassade. Während beide Debatten neu belebt wurden und dabei an Profil und Schärfe gewannen, wuchs jene in Sandstein gemeißelte Projektionsfläche aus dem Kellergeschoss der deutsch-preußischen Vergangenheit in die Höhe, von der hier die Rede sein soll.

Dass die erwähnten Debatten also vor der just in diesem Moment fertiggestellten Hohenzollern-Schloss-Fassade stattfinden, mag man einen Zufall nennen. Aber die Geschichte kennt die Kategorie des Zufalls nicht. Gleichzeitigkeiten kann man feststellen, oder man kann sie ignorieren – was sich am schnellsten und einfachsten, vor allem aber unter Vermeidung jeglichen argumentativen Aufwands erledigen lässt, indem man die Kategorie des Zufalls bemüht, dessen wesentliche Aufgabe ja gerade darin besteht, Zusammenhänge zu leugnen. Und dass man in diesem Fall die Debatte um die Funktion eines Gebäudes (und seine Botschaften) und die Debatte um seine Fassade (und deren Botschaften) voneinander trennen kann und sogar trennen soll, ist eine Besonderheit dieses Baus und der eigentliche Gegenstand dieses Essays.

Unmittelbar nach der in fast jeglicher Hinsicht – außer im Ergebnis eines geeinten Staates – vollkommen anders gearteten, neuerlichen Einigung zu einem zweiten deutschen

Nationalstaat im Jahr 1990 kam in konservativen Kreisen der Gedanke auf, das im Zweiten Weltkrieg schwer beschädigte, nach Kriegsende notdürftig reparierte und dann im Jahr 1950 im Auftrag von Walter Ulbricht gesprengte Berliner Schloss (nicht *Stadtschloss*) wieder aufzubauen. Die Idee war auch zu DDR-Zeiten schon ventiliert worden, damals allerdings mit wenig Hoffnung auf Realisierung. Der Fall der Mauer und die schnell folgende Einigung änderten diese Lage und gaben dem Traum von einem neuen Hohenzollern-Schloss inmitten einer neuen demokratischen Hauptstadt Auftrieb. Die Vereinigung war das Momentum, das die Protagonistinnen und Protagonisten eines Schloss-Neubaus für sich nutzen zu können meinten. Sie gaben sich der Illusion hin, auf diesem Weg architektonisch eine Wunde heilen zu können, die die unheilvolle Dynamik der Geschichte des 1871 gegründeten deutschen Reichs und ihre schwerwiegenden Konsequenzen der deutschen Nationalseele zugefügt hatten, tiefe narzisstische Kränkungen, die mit einer historisierenden Fassade natürlich so wenig geheilt werden können wie ein Bruch mit einem Pflaster. Aber, um im medizinischen Bild zu bleiben: Eine Prothese sollte die Amputation vergessen machen. So sehen es die Kritikerinnen und Kritiker. Die Befürworterinnen und Befürworter einer Schlossfassadenrekonstruktion halten die Operation offenbar für gelungen. Wobei noch nicht ganz geklärt ist, wie es dem Patienten geht. Genau besehen, gibt es zwei Patienten: die Institution Humboldt Forum, die sich hinter dieser Fassade formiert, und die Stadt.

Kontrafaktische Architektur

Da steht es, gewaltig, wirkt weniger wie *Auferstanden aus Ruinen*, also von unten aus dem geschichtsträchtigen Berliner Boden gewachsen, als wie gelandet, ein riesiges Raumschiff – zurück aus der Vergangenheit in die Zukunft. Es mutet fehl an an diesem Schlossplatz, der sein Schloss nicht mehr gewohnt ist. Und es teilt uns zunächst einmal mit, dass sich Zukunft auch anfühlen kann wie Vergangenheit. Gemeint ist es womöglich umgekehrt: dass nur in der Vergangenheit die Zukunft liegt? *AKW Mitte*, entfährt es einem Passanten, der es offenbar zum ersten Mal fertiggestellt vor sich sieht. Das ist vor allem despektierlich, aber es ist auch der spontane Ausdruck eines Befremdens, eines Erschreckens über die Massivität, eines Eingeschüchtertseins durch die Macht der abweisenden Fassade, ein Gefühl der Fremdheit, das nach spontaner Distanzierung verlangt.

Darauf immerhin wird man sich einigen können: Ein Zeichen des Aufbruchs ist diese Fassade nicht. Die erste Botschaft, die von ihr und damit von der Entscheidung ausgeht, sie in dieser Form zu errichten, ist die, dass wir unsere Gegenwart – und damit unsere Zukunft – architektonisch und städtebaulich nur mit Hilfe von Reminiszenzen an eine apodiktisch ernst genommene Vergangenheit gestaltet bekommen. Das wäre, würde es stimmen, ausgesprochen schmerzlich und sehr traurig. Dass es nicht ganz stimmt, zeigen spektakuläre Bauprojekte in anderen Städten, sei es die Tate Modern in London oder das Kulturzentrum der Stavros-Niarchos-Stiftung in Athen: moderne Treffpunkte von Kultur, Künsten, Menschen allen Alters, zeitgemäße Realisierungen der alten Idee der Agora, Orte der Gegenwart im Sinne des Aufbruchs – all das, was man sich an dem Ort, von dem hier die Rede ist, ebenfalls wünscht.

Hätte es nicht werden können, was das Centre Pompidou für Paris wurde (das zunächst auch äußerst umstritten war)? Warum ist die deutsche Antwort auf die Herausforderung einer Großkulturbaustelle ein »zum Humboldt Forum wiederaufgebautes Schloss« – zu dieser diplomatisch eleganten, wenn auch rhetorisch ins Leere laufenden Formulierung hat sich die entsprechende Wikipedia-Seite durchgerungen. Es tut ein bisschen weh, wenn man nachliest, wie Horst Bredekamp, einer der Gründungs-Intendanten des Humboldt Forums, rekapituliert, dass auf der Suche nach einer Nutzung für dieses riesige Gebäude hinter der historisierenden Fassade nach der Stiftung Preußischer Kulturbesitz und der Humboldt Universität als dritter Akteur Berlin hinzukam, »das mit seiner Stadtbibliothek ebenfalls Einzug in das Schloss halten sollte, um ein lebendiges Klima zu erzeugen, für welches das Pariser Centre Pompidou eine Art Vorbild war«.

Nun ist dem Gebäude in einem unauflösbaren Paradox die Aufgabe zugeteilt, den Wunsch, moderne Agora, Treffpunkt für alle, zukunftsweisende Stadtmitte zu sein, im Inneren zu erfüllen, während die das Haus nach außen repräsentierende Fassade einen ganz anderen Geist atmet und sich als Wiedergängerin einer autoritär-repressiven Staatsarchitektur (miss)verstehen lässt. Denn so sieht sie nun mal aus. Und die Erbauer sind ja gerade besonders stolz auf die detailgenaue Rekonstruktion. Das ist handwerklich fraglos eine große Leistung, bringt mit Blick auf die ausgesandten Botschaften der Fassade aber ebenso fraglos Probleme mit sich.

Die Fassadenrekonstruktion bedeutet zuallererst einen Blick zurück, und zwar relativ weit zurück, nämlich hinter beziehungsweise (historisch gesehen) vor all das, was nach 1871 hier und im Land passiert ist. Diese Fassade ist Ausdruck des Wunschs nach einem architektonischen, bei der Dimension des Gebäudes auch städtebaulichen *reset*, nach einer Wiederherstellung. Oder, wie es Wolfgang Thierse, ehemals Präsident des Deutschen Bundestages, Mitglied der Jury des architektonischen Wettbewerbs zum Berliner Schloss und glühender Befürworter der Fassadenrekonstruktion, im Jahr 2020 ausdrückte:

»Deswegen ärgere ich mich, dass Berlin nicht erlaubt sein soll, was in vielen deutschen Städten erlaubt gewesen ist, zu deren Glück. Wie sähen Münster, Hildesheim, München und viele andere Städte aus ohne Wiederaufbau oder Nachbau historischer Gebäude und Straßenverläufe und stadtbildprägende Ensembles! Deswegen ärgert mich der Denkmalpflege-Dogmatismus: Was einmal verfallen, zerstört, verschwunden ist, aus welchen Gründen auch immer, das dürfe nicht wiederkehren. Das wäre dann Fake, wäre Disney-Land. (...) Deswegen ärgere ich mich über den mangelnden Sinn für Geschichte, für geschichtsgeprägte Lebens- und Stadträume bei nicht wenigen Architekten. Als sei Zeitgenossenschaft von Architektur nur gegen oder ohne Geschichte zu haben. Und deswegen ärgere ich mich über die ideologische Befrachtung des Berliner Schlosses zum Symbol schlechthin des preußisch-deutschen Militarismus und Imperialismus, zum Symbol eines vergangenen und hoffentlich endgültig Überwundenen. Dessen teilweiser Wiederaufbau etwas durch und durch Reaktionäres sei, Ausdruck einer falschen, gefährlichen Sehnsucht nach dem Gestern.«

Aber genau diese Botschaft sendet der Bau eben doch aus, insbesondere dann, wenn Menschen sich ihm nähern, die eine andere Einstellung zu bestimmten Ereignissen der deutschen Vergangenheit und eine andere Vorstellung von Stadtplanung im Geist einer demokratischen Gegenwart und einer dynamischen Zukunft haben. Mit seiner Geschichte muss man eine solche Rekonstruktion nicht erst ideologisch befrachten, sie befrachtet sich selbst damit, indem sie sie repräsentiert. Ist es nicht eher so, dass gerade die Kritikerinnen und Kritiker einer solchen Rekonstruktion historisch denken, weil sie akzeptieren, dass die Geschichte an dem Ort, um den es geht, Spuren hinterlassen hat, und außerdem davor warnen, dass eine historische Fassade jene Signale aussendet, die historische Architektur nun einmal aussendet, und nicht unbedingt diejenigen, die man womöglich auf sie projizieren mag? Und die Signale eines massiven kuppelüberwölbten Kaiserschlosses sind (im Gegensatz etwa zu Bürgerhäusern in Münster, Hildesheim oder München), daran lässt sich nicht viel ändern, die Signale eines massiven kuppelüberwölbten Kaiserschlosses. Und die Signale dieses Schlosses an diesem Ort sind die Signale dieses Schlosses an diesem Ort, der eben auch für vieles steht, für das es in einer demokratischen Republik des 21. Jahrhunderts eigentlich besser keinen Ort geben sollte.

Die Diskussion ist oft geführt worden, und sie wird immer weiter geführt werden. Und das ist gut so. Es geht bei diesen Fragen nicht um Ideologie oder Prinzipien, sondern immer wieder um konkrete, wenn man so will: individuelle Bauprojekte, ihre Geschichte, ihre Verortung, ihr Potenzial an Botschaften und Projektionen. Till Briegleb schrieb im Februar 2021 in der *Süddeutschen Zeitung*: »In Deutschland wird es nur schwer akzeptiert, dass der originalgetreue Aufbau verlorener Symbolbauten eine Lösung unter anderen sein kann.« (*Süddeutsche Zeitung*, 24.2.2021) Anlass für diesen Seufzer war die Diskussion um den Wiederaufbau der 1939 zerstörten Hamburger Bornplatzsynagoge im alten Stil. Und Briegleb hat recht: Natürlich muss der Wiederaufbau eine Option sein, gerade bei »Symbolbauten«. Das häufig angeführte Beispiel des Warschauer Schlosses als zentralem Symbol einer mehrfach ausgelöschten Nation ist eines der eindringlichsten für die Bedeutung einer solchen Entscheidung. Auch der Entschluss zum detailgetreuen Wiederaufbau der Nationalbibliothek von Sarajevo, die im Sommer 1992 von den serbischen Belagerern in Brand geschossen wurde, ein Angriff auf die muslimische und auf die kroatische Kultur der Stadt, ist einleuchtend. Anders liegt es aber womöglich im Fall der ehemaligen zentralen Residenz des umstrittenen Herrscherhauses eines untergegangenen, in seinem Erbe durchwachsenen Reichs. Nur ganz am Rande sei hier erwähnt, dass die deutsche Debatte um den Wiederaufbau der Hohenzollern-Residenz just in dem Moment Fahrt aufnahm, in dem ganz Europa zusah, wie drei Flugstunden von Berlin entfernt ebenjene Bibliothek in Sarajevo eingeäschert wurde.

Es gibt gute Gründe für Wiederaufbauten, auch für detailgetreue. Es gibt aber auch gute Gründe dagegen. Der Vorwurf »eines mangelnden Sinns für Geschichte« ist gerade den Gegnern gegenüber allerdings am wenigsten angebracht. Wenn überhaupt, erscheint es, umgekehrt, ahistorisch, ja geschichtsvergessen, zu argumentieren, dass ein Gebäude in dieser Kubatur mit dieser Fassade, die im Zusammenspiel einerseits schön und ein Zitat der lichten Architektur Italiens, andererseits aber eben auch massiv, einschüchternd und autoritär wirken sollte und nun auch wieder genau so wirkt, an diesen Ort gehört. Ergebnis der Geschichte ist ja gerade, dass es nicht mehr da ist. Vielleicht liegt hier der Denkfehler derer, die mit so viel Energie und schließlich mit Erfolg für diese Rekonstruktion gekämpft und geworben haben, keineswegs nur mit sachlichen, historischen und städtebaulichen Argumenten, sondern – genau wie die Gegenseite – immer auch von Emotionen getrieben, und sei es, wie Wolfgang Thierse freimütig bekennt, von Ärger über diejenigen, die denen, die auf diese Fassade ihre Begeisterung projizieren, nicht folgen können oder wollen. Vielleicht gehört etwas, was einmal an einen Ort gehört hat, aber lange Zeit fort war, aus welchen Gründen auch immer, dann schlicht nicht mehr dorthin. Vielleicht ist es dann sogar fehl am Platz, weil die Welt, die unmittelbare Umgebung ebenso wie die Zeitläufte, eben das, was wir Geschichte nennen, sich weitergedreht hat. Diese Erfahrung, dass die Welt sich weitergedreht hat – und weiter dreht –, will diese Architektur aufhalten, wenigstens für den Moment. Es gibt Fälle – wie das Warschauer Schloss, die Bibliothek von Sarajevo oder die Hamburger Synagoge – in der dieses geschichtsirritierende Moment sinnvoll, genau richtig, hilfreich sein mag. Aber es gibt auch Baustellen mit einem Projektionspotenzial, bei dem das nicht so unmittelbar einleuchtet. Es geht immer um die Frage, wofür ein »Symbolbau« Symbol ist.

Adrian von Buttlar bemerkt im Dezember 2020 in der Zeitschrift *Arch+*: »Weder die Glorie Preußens noch die Monarchie, das Kaiserreich oder gar die derzeit wieder einmal unglücklich agierende Dynastie der Hohenzollern würden durch die Rekonstruktion verherrlicht, hieß es. Was aber dann?«

Ein *reset* ist weder in der Architektur noch im Städtebau möglich. Der Versuch ist im Ergebnis nie ein *Zurück auf null*. Den gibt es nur im Kopf, nicht in der Stadt. Geschichte lässt sich nur als Wunschvorstellung und Gedankenspiel zurückdrehen, nicht in der Wirklichkeit. Man nennt das nicht umsonst *kontrafaktische* Geschichtsschreibung, also einen literarischen Entwurf von Geschichte, der sich nicht mit dem deckt, ja im Gegensatz zu dem steht, was ist. Architektur aber, sobald sie gebaut ist, ist. Es gibt keine kontrafaktische Architektur. Ein Gebäude steht da, wo es steht, und das in der Regel für eine ganze Weile. Architektur kommt immer, um zu bleiben, und meistens, um ihre Funktion zu erfüllen (im Beispiel: ein erfolgreiches, gesellschaftseinigendes und völkerverständigendes sogenanntes Humboldt Forum zu werden) und um ihre Botschaft zu senden (im Beispiel: zu zeigen, wie gern der Bau eigentlich etwas anderes wäre, nämlich ein Königs- oder Kaiserschloss, würde man ihn lassen, wie seine Initiatoren es gern gehabt hätten).

Wenn Residenzen reden könnten

Auch denjenigen, die mit der Ausführung der einmal beschlossenen Fassadenrekonstruktion befasst waren, war die Doppel- oder Mehrdeutigkeit der Botschaften bewusst, die diese Fassade, einmal fertiggestellt, aussenden würde.

Im April 2010 versammelte sich in der Villa Vigoni am Comer See ein Kreis von Expertinnen und Experten für architektonische Rekonstruktionen, um Einzelheiten und Implikationen dieser besonderen Rekonstruktion in der Mitte der deutschen Hauptstadt und im Fadenkreuz deutscher Geschichte zu eruieren. Ziel war offensichtlich, etwas von der Schärfe aus der anhaltenden emotionalen Diskussion um die Hohenzollern-Fassade vor dem Humboldt Forum zu nehmen, und zwar dadurch, dass man vor allem technische und praktische Aspekte der Rekonstruktion thematisierte. Das schloss denkmalpflegerische Aspekte ein, auch die Frage nach der emotionalen Reaktion einer Gesellschaft auf Eingriffe ins Stadtbild. Ein solcher Eingriff würde das gebaute Humboldt Forum mit der Hohenzollern-Fassade ja in besonderem Maß und auf besondere Weise sein. Das war den Beteiligten klar. Am Ende wurden *10 Thesen der Villa Vigoni zum Humboldtforum* verabschiedet.

Die unterschiedlichen Schreibweisen *Humboldtforum*, *Humboldt-Forum, Humboldt Forum* in Zitaten aus unterschiedlichen Kontexten spiegeln übrigens eine anhaltende Unklarheit über das Konzept, das hinter der Fassade, ihr nachgeordnet, entstand.

In einer Art Präambel zu den *10 Thesen der Villa Vigoni zum Humboldtforum* heißt es: »Ein neues Bauwerk, das ein verlorenes Baudenkmal ersetzen und zugleich durch eine Nachbildung daran erinnern soll, knüpft an Traditionen an und wird neue begründen. Auch eine Rekonstruktion ist ein Werk ihrer Entstehungszeit.«

Womit aus berufener Feder geklärt wäre, dass es unscharf, wenn nicht sogar unangemessen ist, im Fall des Humboldt Forums vom Schloss zu sprechen, dass es also auch hier letzten Endes heißt: *Ceci n'est pas un château.* Zumal ja lediglich die Kubatur und die Fassade ein »wieder« sind, der Rest ist Neubau. Die Initiatoren wollten ein verloren gegangenes Schloss zurückgewinnen, allen voran der Hamburger Kaufmann Wilhelm von Boddien, die hartnäckigste treibende Kraft hinter dem Projekt. Der Plan ist nicht ganz aufgegangen. Aber immerhin konnte Susanne Messmer im Frühjahr 2020 in der *taz* bilanzieren:

»Boddien hat seinen persönlichen Kalten Krieg entschieden: Die angebliche Wiedergutmachung des Abrisses der Schlossruinen im Jahr 1950 durch die SED-Diktatur und die Zerstörung jeglicher Erinnerung an die DDR an diesem Ort durch den Abriss des Palastes der Republik 2006 bis 2008.«

Auch das kann die Botschaft sein, die von dieser Fassade an diesem Ort ausgeht. Es kommt, wie gesagt, ganz darauf an, wer sich ihr nähert und was der- oder diejenige auf sie projiziert.

Die erste der *10 Thesen der Villa Vigoni zum Humboldtforum* lautet: »Der Ort in der historischen Mitte der deutschen Hauptstadt steht nicht nur für Staatsautorität und politische Repräsentanz, sondern auch für frühe Sammlungsgeschichte, Welterkundung und Aufklärung. Seine zukünftige Funktion soll auch an die Idee des Volkshauses anknüpfen und einen offenen Ort für alle Kulturen der Welt schaffen.«

Eine These nicht ohne eine gewisse Sprengkraft: Denn sie gesteht zuallererst ein, dass der ehemalige Standort des Berliner Schlosses eben sehr wohl »für Staatsautorität und politische Repräsentanz« steht, wenn auch »nicht nur«. Und sie erinnert mit der »Idee des Volkshauses« unmittelbar an den *Palast der Republik*, also an die Interims-Nutzung dieses prominenten Platzes in der Mitte Berlins zu Zeiten der DDR, was die politische, emotionale, historische und städtebauliche Bedeutung des Projekts weiter auflädt und zusätzlich Material für Projektionen bereitstellt.

Nicht zuletzt wegen der Botschaften eines von Staats wegen veranlassten Gebäudes an einem derart prominenten Bauplatz und der Tendenz von Gebäuden, zu kommen, um zu bleiben, auch wenn die Lage sich verändert, wurden an diesem Ort bereits zwei Bauten abgeräumt, die ein jeweils anderes politisches System repräsentierten.

Was eine königliche oder kaiserliche Residenz uns mitteilen möchte, ist schnell ausgemacht; sowohl die repräsentative Architektur des Barock als der Kuppelbau aus der Restaurationszeit machen es einem da ganz leicht. Vom *Palast der Republik* und den von ihm ausgehenden Botschaften wird noch die Rede sein. Was aber repräsentiert eine von einem demokratischen Souverän, dem Bundestag, beschlossene wiederhergestellte Hohenzollern-Fassade vor einem Museumsneubau?

Nimmt man die erste der *Villa-Vigoni*-Thesen ernst, könnte man den Bau so interpretieren, dass die Fassade für den »nicht-nur«-Teil, für »Staatsautorität und politische Repräsentanz« und die Nutzung dahinter für das »sondern auch«, also: »frühe Sammlungsgeschichte, Welterkundung und Aufklärung« steht. Nur – davon hat die Stadt, das Stadtbild zunächst nichts. Unsere Flaneurin, unser Flaneur müssen immer das Dahinter auf die Fassade projizieren, um nicht deren eigentlicher Botschaft zu erliegen. In den Jahren, in denen um Optionen für diesen prominenten Bauplatz gerungen wurde, machte auch mit Blick auf die entstehenden Regierungsbauten der Berliner Republik das Schlagwort von der »Demokratie als Bauherr« (damals tatsächlich noch nicht gegendert) die Runde. Der »Demokratie als Bauherrin« war die Replik der Hohenzollern-Fassade am Humboldt Forum um ihrer selbst willen so wichtig, dass sie künftige Besucherinnen, Besucher, Bewohnerinnen, Bewohner, Gestalterinnen, Gestalter der Stadt Berlin mit diesem Widerspruch allein gelassen hat, nur um ihr Rekonstruktionsgebot erfüllt zu sehen. Für das Innenleben des Gebäudes gelten andere Anforderungen. Was im Konzept als Kompromiss gefeiert werden mag, bleibt als Botschaft im Raum eindeutig einseitig. Ein Grund dafür ist, dass es ausgesprochen schwierig ist, die Botschaft »Kompromiss« architektonisch auszudrücken. Das ist ein grundsätzliches Problem, das sich häufig einstellt, wenn »die Demokratie als Bauherrin« auftritt und mit Symbolen umgehen muss.

Enrico Brissa, Protokollchef des Deutschen Bundestages und Historiker, sah sich im Jahr 2021 herausgefordert, ein Buch mit dem Titel *Flagge zeigen. Warum wir gerade jetzt Schwarz-Rot-Gold brauchen* vorzulegen, nicht zuletzt um das wichtigste bundesdeutsche Nationalsymbol vor seiner Vereinnahmung durch extreme Rechte und Nationalisten in Schutz zu nehmen. Es geht um Emotionen. »In diesem Buch«, schreibt Enrico Brissa, »möchte ich zeigen, wie wichtig Gefühle für die Herausbildung von Identität sind. Genauer gesagt geht es um den heutigen Stellenwert patriotischer Emotionen in der Demokratie und die Bedeutung staatlicher

Symbole für die Funktionsfähigkeit des Staates und die Integration von Staat und Gesellschaft.«

Brissa kommt in seinem Buch auch auf die Symbolik von Staatsarchitektur zu sprechen:

»Jeder Staat und jede Nation gibt sich eine Vielzahl von Symbolen, angefangen vom Staatsnamen und der Hauptstadt. Einige davon haben den offiziellen Rang eines Staatssymbols, der sich ebenso aus einer normativen Regelung ergeben kann wie aus einem mehr oder weniger förmlichen Akt der Proklamation. Manchmal ist es auch nur die Staatspraxis genannte Übung, die aus einem Symbol ein Staatssymbol macht. Darüber hinaus haben alle Nationen weitere Symbole zur Verfügung, die die Gesamtheit aus Staat, Nation und Gesellschaft repräsentieren, ohne Staatssymbole im eigentlichen Sinne zu sein. Man denke an herausragende Bauwerke und Denkmale nationaler Bedeutung oder andere Kulturgüter, seien sie auch lediglich ideeller Natur. (...) Für die ›Berliner Republik‹ ist ein solcher symbolischer Identitätsort etwa der Dreiklang, der aus dem Brandenburger Tor, dem Reichstagsgebäude in seinem heutigen Zustand und dem Denkmal für die ermordeten Juden Europas besteht.«

Künftig steht auch die Illusion der um eine – wie wir noch sehen werden – absolutistisch-autoritär gemeinte Kuppel aufgestockte wiederaufgebaute Barockfassade einer Kaiserresidenz für die »Berliner Republik«. Die Fragen, die das aufwirft, sind in den neunziger Jahren immer wieder gestellt worden. Sie stellen sich nach Fertigstellung des Gebäudes erst recht. Da gilt, was Adrian von Buttlar im Dezember

2020 in der Architekturzeitschrift *Arch+* angesichts des fertiggestellten Humboldt Forums und seiner Fassade festgestellt hat: »Argumente werden nicht dadurch obsolet, dass wir sie so oder ähnlich schon mal gehört haben.«

Auch im Berlin benachbarten Potsdam ist im Stadtzentrum ein Gebäude errichtet worden, das von manchen *Schloss* genannt wird, ein Neubau für den Brandenburgischen Landtag, dem eine den pragmatischen Notwendigkeiten angepasste Fassade vorgehängt wurde, die an das Barockschloss erinnert, das an dieser Stelle einmal stand. Auch dies war, wie das Berliner Schloss, eine Hohenzollern-Residenz.

Doch ist Potsdam ein anderer Fall als Berlin, in mehrfacher Hinsicht. Unter dem Titel »Verloren, verdrängt, bewahrt, geheilt?« hat Michael Zajonz im Jahr 2020 einen Blick auf den »Wiederaufbau in Potsdam zwischen subversiver Kraft des Bewahrens und Abkehr vom Alten« geworfen. Er betont in seinem Essay den Charakter Potsdams als durchkomponierter Stadt: »In einer Stadt wie Potsdam (oder wie Venedig, Edinburgh, St. Petersburg) ist das Gesamtbild mehr als die Summe seiner Teile. Damit dieser Vielklang überzeugt, zählt jedes Detail.«

Zerstört wurde Potsdam bei einem Luftangriff der Royal Air Force am späten Abend des 14. April 1945 in einem für viele Menschen tödlichen Akt ohne jeden militärischen Nutzen, aber nicht von ungefähr. Es war ein symbolischer Akt. Michael Zajonz: »Zwölf Jahre nach dem *Tag von Potsdam*, der medienwirksamen Verbindung der alten kaisertreuen Eliten mit den Machthabern der NS-Bewegung, wurde in der *Nacht von Potsdam* ein Stadtbild zerstört, das wie kein zweites mit dem Aufstieg des Königreichs Potsdam verbunden war.«

Nach Einschätzung des Instituts für Denkmalpflege der DDR waren 1958 »an der Stadtschlossruine 83 % der Außenmauern tragfähig und für den Ausbau wiederzuverwenden«. Jedoch, so Michael Zajonz:

»Obwohl sich Kunsthistoriker, Architekten und Denkmalpfleger in Ost und West mit Verweis auf die künstlerische Bedeutung vehement für den Wiederaufbau einsetzten, fielen die Ruinen des Schlosses 1959/60 und der Garnisonkirche (dem Schauplatz des *Tags von Potsdam*, H. T.) 1968 den Sprengmeistern zum Opfer. Welche ideologische Bedeutung den Abrissen eingeräumt wurde, zeigt der Umstand, dass darüber jeweils auch das Politbüro des Zentralkomitees der SED beriet.«

Die Stadtplanung der DDR konterkarierte das historische Konzept ganz bewusst durch Abrisse und Neubauten. Für den Umgang mit dem Potsdam von heute bedeutet die historische Gemengelage nach Michael Zajonz: »Eine Stadt ist kein Museum: weder eines allumfassenden friederizianischen Durchgestaltungswillens noch der ostdeutschen Aufbruchs-Moderne, die in Potsdam nur Fuß fassen konnte, weil sie alles Alte negierte.«

In diesem städtebaulichen Kontext und vor dem Hintergrund dieser Geschichte kommt einer Schlosskopie eine ganz andere Bedeutung zu als im Fall des Berliner Schlosses. Die Zeitschrift *Bauwelt* nannte die Entstehung des Brandenburgischen Landtags in Potsdam Bauen »in einer neu errichteten historischen Hülle« (*Bauwelt* 11/2014). Architekt Peter Kulka hatte zunächst einen zeitgenössischen Bau auf der Grundfläche des einstigen Schlosses vorgelegt. Die historisierende Fassade war anfangs nicht Teil des Projekts. Sie kam erst hinzu, nachdem der Mitbegründer des IT-Unternehmens SAP Hasso Plattner zweckgebunden 20 Millionen Euro für deren Realisierung spendete, später weitere 1,6 Millionen Euro für die Verwendung von Kupferblech anstelle von Titan beim Decken des Daches.

Wie beim Potsdamer Landtag sollten es auch bei der Errichtung der Hohenzollern-Fassade in Berlin, dann noch einmal insbesondere bei der Hinzufügung der Kuppel über dem Gebäude und ein weiteres Mal bei der Krönung dieser Kuppel mit einem goldenen Kreuz, zweckgebundene Spenden von Privatpersonen sein, die den Retrolook eines öffentlichen Gebäudes im öffentlichen Raum verlangten, forcierten und am Ende auch bekamen.

Die Fassade des Potsdamer Stadtschlosses (hier heißt es tatsächlich so) ziert ein goldener Schriftzug:

Ceci n'est pas un château.

Das hier ist kein Schloss. Es handelt sich um *Kunst am Bau* für den Preußischen Landtag, eingereicht von der Restauratorin Annette Paul. Der Satz erinnert an das *Sans, Souci* am gleichnamigen Lustschloss gleich um die Ecke, aber auch an René Magrittes legendäres Bild von einer Pfeife mit dem Kommentar *Ceci n'est pas une pipe. Das ist keine Pfeife* – eine pfiffige Distanzierung von der Erscheinung des neuen alten Baukörpers.

Im Gegensatz zum Potsdamer Stadtschloss soll in Berlin nicht die Beschriftung, die es hier ja auch gibt, oder die Gestaltung der Außenhaut des Baus widerlegen, dass er das ist, was zu sein er vorgibt – denn ernsthaft wird, kann oder darf ja keiner wirklich ein wiederaufgebautes Schloss mit den Funktionen oder auch nur den Botschaften eines Schlosses wollen. Die Aufgabe dieser Distanzierung des Gebäudes von sich selbst, beziehungsweise von seiner Fassade, obliegt hier vielmehr dem Programm im Inneren. Das aber ist für jemanden, der den Koloss umrundet oder zufällig auf ihn stößt, nicht sichtbar.

Resonanzraum Stadt

Hermann Henselmann (1905 bis 1995) war einer der prägenden Architekten der DDR der fünfziger und sechziger Jahre des 20. Jahrhunderts. Nach dem Krieg zunächst Stadtbaurat in Gotha, wurde er Direktor der Hochschule für Bauwesen in Weimar und schließlich 1949 Abteilungsleiter am Institut für Bauwesen der Deutschen Akademie der Wissenschaften in Ostberlin. Das hatte Auswirkungen auf seine Idee von Architektur und Städtebau. »Hier«, so formuliert es die Biographie auf der Website der Hermann Henselmann Stiftung, »revidierte Henselmann Anfang der 1950er seine ›modernistische‹ Architekturauffassung und übernahm die Vorstellungen des Sozialistischen Realismus.« Seiner Karriere war das zuträglich. 1953 bis 1959 war er Chefarchitekt beim Magistrat von Groß-Berlin. Für den Berliner Stadtbiographen Jens Bisky war er »ein Architekt von großer Begabung und noch größerer Wandlungsfähigkeit«.

In der Stadt sichtbar ist Hermann Henselmanns architektonisches Erbe unter anderem in der damaligen Stalinallee, heute Frankfurter Allee. Er bewohnte übrigens selbst eine Wohnung in einem der von ihm entworfenen Hochhäuser am Strausberger Platz. »Sozialistisch-klassizistisch« heißt dieser Baustil. Jens Bisky nennt Henselmann »Ulbrichts Schinkel«. Das Etikett *sozialistisch-klassizistisch* bringt, aufs Äußerste verknappt, letztlich dieselbe Sehnsucht nach der Wiederherstellung der verlorenen preußischen Ordnung (hier: klassizistisch) in der Gegenwart (hier: sozialistisch) zum Ausdruck, die auch dem Bedürfnis nach einem Wiederaufbau eines Kaiserschlosses als verlorengegangener Reminiszenz an ein untergegangenes Preußen zugrunde liegt. Es ist allerdings immerhin noch mit dem Anspruch verbunden, man habe dem Vergangenen, also dem Klassizistischen, architektonisch etwas Eigenes, nämlich: Sozialistisches, hinzuzufügen – wie immer man zur politischen Praxis jenes real existierenden Sozialismus stehen mag, der hier als Bauherr fungierte. Die Distanz dazu ist heute so groß, dass niemand auf die Idee käme, abgerissene Gebäude aus jener Zeit wieder aufzubauen oder ihre Fassaden zu rekonstruieren.

In einem Buch über die Stadt Görlitz schrieb Hermann Henselmann: »In meinem Arbeitsraum hängt ein alter Stich.

Er schildert die Stadt Görlitz vor einhundert Jahren. Er ist einem alten vierbändigen Werk entnommen mit dem Titel: Schaubühne der hervorragendsten Städte der Erde.« Ein Titel, der den theatralischen Impetus des barocken und des klassizistischen Städtebaus charakterisiert, dem es darum ging, zu gefallen, aber dabei immer auch zu belehren, zu beeindrucken, man könnte auch sagen: zu infiltrieren. Henselmann hat diese Funktion der Stadt und des Städtebaus immer beschäftigt. In seinen baupolitischen Funktionen, vor allem aber mit seinen Bauten hat er sie aktiv betrieben. In dem erwähnten Buch fällt ein Satz, den man gerahmt über jede städtebauliche Diskussion hängen könnte. Welche Konsequenz aus ihm mit Blick auf die wiederhergestellte Hohenzollern-Fassade vor dem Humboldt Forum zu ziehen ist, mag, ja muss jede und jeder für sich selbst durchdeklinieren, die oder der vor dieser Fassade steht oder sich ihr nähert: »Irgendjemand hat einmal gesagt: Die interessanteste Fläche, die es auf der Welt gibt, ist das menschliche Gesicht. Das ist richtig – aber gleich danach kommt die Stadt.«

Kaum etwas beeinflusst unser alltägliches Leben so sehr wie die Erfahrung von Stadträumen. Sie modellieren die Umgebung, in der wir uns bewegen, wenn wir nicht ein Leben führen, das auf den Aufenthalt in der Stadt nicht angewiesen ist oder diesen bewusst meidet – was als Alternative zum städtisch geprägten Ausgang des 20. Jahrhunderts inzwischen immer häufiger ventiliert wird. Von der Stadtflucht einer jungen Generation ist die Rede – verjagt von der Stadtplanung um die Jahrhundertwende und ihren Entscheidungen?

Indem sie unsere Umgebung modelliert, modelliert Stadtplanung auch Emotionen und letzten Endes Gedanken. Wir
lassen uns von ihr buchstäblich, aber auch metaphorisch lei-
ten. Ihre Botschaften haben einen enormen Resonanzraum.
Für diejenigen, die sich in ihr bewegen müssen oder in ihr
flanieren wollen, ist eine Stadt neben der Erfahrung von Räu-
men eine Ansammlung von Fassaden und damit eine Auf-
einanderfolge von Botschaften. Jeder Gang durch eine Stadt
ist wie die Lektüre eines Buchs oder, vielleicht sogar eher
noch, wie das Streamen einer Serienfolge: ein Nacheinan-
der von Signalen, die Informationen enthalten, Reaktionen
auslösen, Emotionen schüren. Diese Signale, diese Informationen und diese Botschaften sind vorher platziert worden.
Sie kommen an. Ob sie allerdings immer auch so verstanden werden, wie sie von ihren Urheberinnen und Urhebern
intendiert waren, ist eine andere Frage. Außerdem ist die
Lektüre, Betrachtung, Interpretation dieser Botschaften nicht
statisch, sie ist dynamisch. Sie verändert sich mit der Zeit.
Sie verändert sich mit Bildung und Erfahrung der Rezipien-
tinnen und Rezipienten. Sie verändert sich aber auch mit der
sich wandelnden näheren und weiteren Umgebung. Und sie
verändert sich mit den historischen Umständen, mit dem
Zeitgeist.

Karl Scheffler schrieb in seiner legendären Berlin-Inter-
pretation *Berlin – ein Stadtschicksal* 1910:

»Dennoch kennt und versteht man die Individualität
einer Stadt erst wahrhaft, wenn die Gefühlsimpression, die
man von ihr empfängt, auch gedacht werden kann, wenn

man die Mühe nicht scheut, jene instinktiven Empfindungen, in denen embryonisch die ganze Kausalität der Stadtgeschichte erfaßt wird, an der Hand eben dieser Geschichte zu analysieren, wenn es gelingt, das Anschauungsresultat aus der Entstehungsgeschichte noch einmal, und dieses Mal bewußt, zu gewinnen.«

Die neue Hauptstadt Berlin, die nach der Reichsgründung 1871 in atemberaubendem Tempo hochgezogen wurde, trat mit der auftrumpfenden Behauptung auf, die Metropole der Gegenwart zu sein (was immer die weitergehende Behauptung in sich trägt, auch als Metropole der Zukunft zu taugen). Mit den drei zentralen Plätzen – dem runden Belle-Alliance-Platz, dem achteckigen Leipziger Platz und dem quadratischen Pariser Platz – nahm man es bewusst und programmatisch für alle stadthistorisch und städtebaulich Gebildeten erkennbar mit dem einen großen Vorbild Rom auf, der klassischen Metropole, dem Machtzentrum schlechthin, das aber gleichzeitig immer als Ort höchster Kultur wahrgenommen wurde.

Stuckverziert wetteiferten in diesem neuen, dynamisch wachsenden Berlin die Fassaden miteinander, mit denen ein sich formierendes selbstbewusstes Bürgerturm sich selbst als Stadt repräsentierte. Jede dieser Fassaden verstand sich als Projektionsfläche. Vladimir Nabokov, der als Flüchtling vor der Russischen Revolution von 1922 bis 1936 in Berlin lebte, ließ sich davon nur bedingt beeindrucken. Wie viele seiner Landsleute verachtete er seine erste Exilheimat aufrichtig. Auf ihn geht die Beobachtung zurück, dass die Karyatiden – tragende Säulen in Frauengestalt – an Berliner Fassaden häufig nichts tragen, was doch per Definition ihre Aufgabe wäre. Das Detail ist einem Buch entnommen, das der Nabokov-Forscher und -Übersetzer Dieter E. Zimmer im Jahr 2001 über Nabokov in Berlin zusammengestellt hat. Es vermittelt aus ungewöhnlicher, alltäglicher Perspektive einen realistischen Eindruck vom Berlin der Zwischenkriegszeit in Wort und Bild, nämlich in Texten über, vor allem aber von Nabokov sowie in dazu passenden Fotografien. Unter einer dieser Fotografien, die die Beobachtung beglaubigt, zitiert Dieter E. Zimmer eine Passage aus Nabokovs 1938 erschienenem Roman *Die Gabe*, dem letzten auf Russisch geschriebenen Werk des Autors:

»Mit geübtem Auge forschte er, was in diesen Straßen zu einem täglichen wunden Punkt, einer täglichen Qual für seine Sinne werden würde; doch schien es nichts dergleichen zu geben, und das diffuse Licht des grauen Frühlingstages war nicht nur über jeden Verdacht erhaben, sondern versprach sogar jede Kleinigkeit zu mildern, die bei strahlendem Wetter zweifellos zutage treten würde. Das konnte irgendetwas sein: die Farbe eines Gebäudes zum Beispiel, die sogleich einen unangenehmen Geschmack im Mund hervorrief, den Nachgeschmack von Haferschleim oder gar von Halwa; ein architektonisches Detail, das jedes Mal, wenn man vorbeikam, mit großer Gebärde die Aufmerksamkeit auf sich zog; die ärgerliche Vortäuschung einer Karyatide – ein Anhängsel und kein Träger –, die schon unter einer leichteren Last zu Gipsstaub zerbröckeln würde (...).«

Karl Scheffler charakterisierte im Jahr 1910 die Berliner Fassaden so:

»Von Berlin scheinen alle die Monstrositäten auszugehen, die überall im Reich schon zu finden sind; dieses Gemisch von hundert mißverstandenen Stilformen, dieses tolle architektonische Parvenütum der Gegenwart scheint etwas spezifisch Berlinisches zu sein. Nirgends brüsten sich die Bauformen so frech und verlogen wie in den neuen Stadtteilen der Reichshauptstadt.«

Scheffler sah hier ein Bedürfnis nach so etwas wie einem städtebaulichen »Illusionismus« am Werk, der unter Kaiser Wilhelm II., also in Schefflers Zeit, auch auf das Schloss und seine unmittelbare Umgebung übergegriffen habe:

»Die Atmosphäre, worin die dem Reichs- und Großstadtillusionismus verfallene Menge lebt, ist auch ins Kaiserschloß gedrungen. Waren die Hohenzollern, wie die Einwohner ihrer Hauptstadt, einstmals Pioniere und Kolonisatoren, so stimmt Wilhelms des Zweiten Regierungsart mit dem Geiste des neuen Berlin insofern überein, als auch sie das Produkt eines noch unklaren Machtgefühls und eines materialistisch denkenden Illusionismus ist. (...) Derselbe Trieb, der aus dem Bürgerhaus einen imitierten Palast gemacht hat, erweckte im Kaiser den Ehrgeiz, aus dem formlos häßlichen Berlin mit Mitteln des Scheins und eines toten Akademismus die ›schönste Stadt der Welt‹ zu machen.«

Nicht jede Stadtflaneurin, nicht jeder Stadtflaneur wird so aufmerksam, hochsensibilisiert und detailfixiert durch die Stadt gehen wie Karl Scheffler oder gar Vladimir Nabokov.

Aber unabhängig davon, wie genau man hinsieht, wie aufmerksam man Fassaden liest, wie sehr man sich von den Details ihrer Inszenierung beeindrucken lässt, bedarf es keiner besonderen Sensibilität, um von der monumentalen Wucht einer 200 Meter langen Schlossfassadenkopie berührt zu werden. Welche Emotionen das auslöst und wie wohl oder unwohl man sich dabei fühlt, erfährt jede und jeder für sich. Das lässt sich durch Interpretationen auch nur bedingt beeinflussen. Wucht ist das Erste, was von diesem Bau ausgeht. Die Frage ist, welche Inhalte mit dieser Wucht transportiert werden. Versuche, die Wucht eines 200 Meter langen Historienzitats in ihrer Vehemenz zu drosseln, sind nicht gemacht worden. Im Gegenteil: Die Details der Fassade (Fassadenschmuck, Kuppel, Inschriften, Kuppelkreuz) verstärken auf drastische Weise noch einmal die apodiktische Fixierung auf alte Botschaften. Die Wucht dieser Rekonstruktion ist in ihrer Konsequenz und Radikalität durch und durch ernst gemeint.

Feuilleton

Das neue Berliner Schloss ist das gebaute Gegenteil des architektonischen Grundsatzes, die Form möge der Funktion folgen. Die Form ist hier unübersehbar die eines Königsschlosses. Einen König aber haben wir nicht mehr; und das ist, da herrscht (zumindest noch) weitgehend Konsens in der Republik, in vieler Hinsicht auch gut so. Ein Schloss hatten wir auch nicht mehr. Wir haben es, könnte man argumentieren, auch nicht mehr gebraucht. Aber diejenigen, die sich unbedingt der Illusion hingeben wollten, das Schloss, das hier einmal stand, stünde da immer noch, haben sich mit dieser, gelinde gesagt, alles andere als selbstverständlichen Idee durchgesetzt. Und jetzt steht es da. Und die Stadt und ihre Bewohnerinnen und Bewohner sind aufgefordert, es als selbstverständlich hinzunehmen.

Kleine Ironie der Kunstgeschichte (oder, wie man heute sagen würde, *fun fact* am Rande): Der Leitgedanke *form follows function*, also dass die Form eines Gegenstandes oder eines Gebäudes der Funktion zu folgen habe, die es erfüllen soll, ist nicht etwa die Ausgeburt einer schnörkelfeindlichen reinen Formenlehre des 20. Jahrhunderts. Das Schlagwort prägte der US-amerikanische Bildhauer Horatio Greenough

(1805–1852) im Jahr 1852, also kurz nachdem in Berlin gerade die Kuppel fertiggeworden war, die man als einzige bedeutende nachträgliche Baukörperveränderung auf das Barockschloss der preußischen Könige setzte. Sowohl das barocke Schloss als repräsentativer Staatsbau eines absolutistischen Gemeinwesens als auch die Kuppel als Repräsentation des umfassenden Machtanspruchs und vor allem des Gottesgnadentums der preußischen Könige befolgen diesen Grundsatz mustergültig. Sie sind Ausdruck ihrer jeweiligen Zeit und der Ideologie, die sie repräsentieren sollen. Was unsere Zeit zum Ausdruck bringt, als Erbe, um nicht zu sagen: Opfer eines Zeitgeists der neunziger Jahre des 20. Jahrhunderts, ist der unbedingte Wille zur Rekonstruktion als Wille zu einer vagen Idee von Restauration. Wie heißt es in der Präambel der *10 Thesen der Villa Vigoni zum Humboldtforum*: »Ein neues Bauwerk, das ein verlorenes Baudenkmal ersetzen und zugleich durch eine Nachbildung daran erinnern soll, knüpft an Traditionen an und wird neue begründen. Auch eine Rekonstruktion ist ein Werk ihrer Entstehungszeit.«

Es hätte unzählige andere Optionen gegeben, an diesem stadtgeographisch, historisch und politisch zentralen und hoch aufgeladenen Ort für die Gegenwart ein weithin sichtbares Zeichen zu setzen. Die Entscheidung für eine restaurative Architektur in Berlins Mitte, die letztlich von einem romantischen, gefühlten Historismus, darüber hinaus politisch und ideologisch motiviert ist, ist teuer erkauft nicht nur mit enormen Entwicklungs-, Bau- und Unterhaltungskosten (die wären für ein anderes Gebäude dieser Dimension in dieser Lage mit vergleichbarer Nutzung auch entstanden) und der Bindung von Energie, Personal und Kreativität (die hätte man andernorts oder für ein anderes Projekt an diesem Ort in der Berliner Stadtentwicklung der vergangenen 30 Jahre schon ganz gut gebrauchen können), sondern vor allem damit, dass der prominenteste Baugrund der neuen alten Hauptstadt mindestens für Jahrzehnte mit einem zweifelhaften Denkmal der Rückwärtsgewandtheit zubetoniert ist. »Pessimistisch« fand Rainer Haubrich den »Doyen der deutschen Architekten, Oswald Mathias Ungers, in der *FAZ* vom 22. November (1991). Die Planer dürften nicht ›der Illusion aufsitzen, dass die Stadt in ihrer historischen Form repariert werden könnte‹.« Im Dezember 2020 bemerkt der Kunsthistoriker Adrian von Buttlar in *Arch+*:

»Ist der vor Jahren entbrannte Streit um spektakuläre Architektur-Rekonstruktionen mittlerweile beigelegt? Was bewirken die Macht des Faktischen, des schleichenden Sichgewöhnens, die Auswechslung unerwünschter, gelegentlich dystopischer Bilder von Stadt durch die Inszenierungen einer fiktiven Historizität und vermeintlichen ›Schönheit‹? Kann, wie Aleida Assmann 2010 im Rahmen einer umstrittenen Ausstellung *Geschichte der Rekonstruktion – Konstruktion der Geschichte* allen Ernstes formulierte, eine rekonstruierte bauliche oder städtebauliche Gestalt tatsächlich ›Geschichte korrigieren‹? Natürlich nicht. Aber sie kann reale Geschichte durch ein Placebo verdrängen. (...) Die *damnatio memoriae* – die Verdammung und Tilgung des Andenkens – und die Flucht in den postmodernen *Attrappenkult* erweisen sich nach wie vor als zwei Seiten der gleichen Medaille.«

»Mehr Denkmalschutz wagen!«, lautet Adrian von Buttlars Antwort im Geist Georg Dehios, des Gründervaters der deutschen Denkmalpflege, auf den der viel zitierte Slogan »Konservieren, nicht restaurieren« zurückgeht, und in Anspielung an Willy Brandts berühmtes »Mehr Demokratie wagen!«. Denn die Attrappe ist nicht die Ergänzung des Denkmals – wie ihre Befürworter es gern hätten –, sondern ihr Gegenteil.

Die Debatten um die Fassade – den einen historisch und »heilend«, den anderen Fake und politisch aggressiv rückwärtsgewandt – waren leidenschaftlich. In seiner fulminanten Stadtgeschichte *Berlin. Biographie einer Stadt* fasst es Jens Bisky 2019 so zusammen:

»In der Debatte trafen geschichtspolitische Argumente auf städtebauliche, ideologische Verklemmtheiten auf Geschmacksurteile, überzogene Erwartungen auf übertriebene Befürchtungen. Bis heute taugt das Thema dazu, ein vor sich hinplätscherndes Gespräch in Gezänk ausarten zu lassen.«

Wer die Debatte zunächst einmal für sich entschieden hat, ist seit Ende 2020 nicht zu übersehen, auch für unsere Flaneurin und unseren Flaneur, die *Unter den Linden* entlangspazieren und womöglich nie von diesen Debatten gehört haben. Widerstände sind geblieben. Und, davon ist auszugehen, sie werden bleiben. Auch deswegen ist es wichtig, sich an die Debatten auch nach Fertigstellung des Gebäudes zu erinnern, sich ihrer bewusst zu bleiben und sie fortzusetzen. Diese Debatten sind im gleichen Maß Teil dieser Fassade wie die kunsthandwerklich mit Aufwand und Geschick wiederhergestellten Schmuckelemente, die sie zieren. Und schließlich werden die Stadt Berlin und ihre Bewohnerinnen und Bewohner, vor allem aber die jungen Menschen und künftige Generationen, sich diesen Bau in irgendeiner Form aneignen müssen. Wie das geschehen wird, ist eine offene Geschichte. Sie wird am Ende darüber entscheiden, ob es richtig oder falsch war, diesen Bau in dieser Form zu errichten. Die Enthüllung der Hohenzollern-Fassade und die Eröffnung des Humboldt Forum sind nicht das Ende dieser Geschichte, sondern Etappe.

Die Fertigstellung des Bauwerks Ende 2020 hat in den Feuilletons heftige Reaktionen hervorgerufen. Da wurde deutlich, dass die emotionalen Debatten um dieses Architekturgroßprojekt in den vergangenen 20 Jahren nur geruht haben, nie beigelegt waren. In vielerlei Hinsicht schienen in den Augen der Kritikerinnen und Kritiker genau die Befürchtungen bestätigt, die damals formuliert worden waren. So fragte, zum Beispiel, Niklas Maak in der *Frankfurter Allgemeinen Zeitung*:

»Reparierte man hier eine zerstörte Stadt und machte sie wieder lebenswert, indem man den alten Stadtgrundriss, die traditionellen Stadträume wiederauferstehen ließ? Oder möblierte hier eine Generation alter weißer Männer die Stadt nach ihrem Geschmack und verbaute dem vielfältigen jungen Berlin seine Freiräume?« (*Frankfurter Allgemeine Zeitung*, 2.10.2020)

Derselbe Autor kommentierte anlässlich der formellen Eröffnung des Humboldt Forums: »Für die Kritiker (…) ist der Neubau auf vielen Ebenen ein Desaster. Sie finden den Wiederaufbau als Botschaft rückwärtsgewandt, das Ergebnis ideologisch reaktionär und unästhetisch: Das Schloss sehe aus wie eine schwerverdauliche Sahnetorte; schon Berlins architektonischer Säulenheiliger Schinkel habe das alte Schloss grauenhaft gefunden, das neue spalte, zumal mit seinem goldenen Kreuz, die Bevölkerung in Schlossfreunde und Schlosshasser und sei schon deswegen kein ›Symbol für das Zusammenwachsen‹, im Gegenteil.« (*Frankfurter Allgemeine Zeitung*, 4.12.2020) Maak wunderte sich denn auch nicht, dass »Schlosskritiker wie Oliver Gehrs mit seiner Initiative *Schloss sprengen 2025* jetzt dazu aufrufen, auch das neue Schloss alsbald wieder in die Luft zu jagen und die Trümmer in Schleswig-Holstein aufschütten zu lassen, als heiteres Monument für die gescheiterte Symbolpolitik Deutschlands nach 1989«.

Auch die Begeisterung für die vierte, die zeitgenössisch gestaltete Ost-Fassade, die den Schriftzug *Humboldt Forum* trägt, hielt sich bei der Architekturkritik in Grenzen. Jens Bisky hatte schon im Jahr 2010 angesichts des Projekts, das er als Ganzes weitgehend, wenn auch mit wenig Enthusiasmus, verteidigte, gefunden: »Die Fassade erinnert im Entwurf allerdings an sozialen Wohnungsbau der überkandidelten Art.« (*Süddeutsche Zeitung*, 17.5.2010) Hanno Rauterberg nannte es nach der Fertigstellung in der *ZEIT* einen »Ostblock aus Beton«, Niklas Maak erkannte ein »monumentales

Abluftgitter«. Seine dezidierte Kritik an der Architektur des Monumentalgebäudes hat einen der ausführenden Architekten derart aufgebracht, dass er Maaks Auftraggeberin, der *Frankfurter Allgemeinen Zeitung*, in einer Zuschrift nahelegte, den Autor zu »entfernen«. Das erinnert fast schon an das Verhalten früherer Bewohner des Berliner Schlosses gegenüber unliebsamen Kritikern. Verstörend ist, dass ein derartiger Gestus ausgerechnet von einem solchen Gebäude und seinen Machern ausgeht, das Hanno Rauterberg »ein Geschenk des Staates an den Staat« (*DIE ZEIT*, 10.12.2020) nennt und das durch seine schiere Existenz die Positionen seiner Kritikerinnen und Kritiker negiert und das in seiner Erscheinung, in dem, was es wuchtig zitiert, das Gegenteil von Offenheit, Diskussion und Demokratie verkörpert.

Kolja Reichert nannte das Gebäude in der *ZEIT* einen »geschichtspolitische(n) Auffahrunfall, geboren aus dem Horror Vacui der frühen Neunzigerjahre und einer kosmetischen Auffassung von Stadtentwicklung, welche imaginierte Kontinuitäten einer ›europäischen Stadt‹ an die Stelle realer historischer Kontinuitäten setzte«. (*DIE ZEIT*, 17.12.2020)

Tatsächlich haben die Stadt Berlin und ihre Bewohner bis auf Weiteres mit den Konsequenzen einer Serie von Entscheidungen zu leben, die unter dem Eindruck des Mauerfalls, der Einigung Deutschlands und der Wiedervereinigung Berlins gefallen sind. Es war von Anfang an eine auf eine nicht mehr existierende Fassade projizierte *idée fixe*: der unbedingte Wille, den Anschein der Wiederkehr des Schlosses als zumindest illusionärer Rücknahme historischer Entwicklungen zu erwecken. Das Deutsche Wörterbuch (der *Grimm*) definiert die eingedeutschte *fixe idee* als »eine vorstellung die die seele unaufhörlich und alle andere vorstellungen beherschend, einnimmt«.

Die Entscheidungen, die da aufeinander folgten, waren: die für eine historisierende Schlossfassade, die für den Abriss des Palasts der Republik, die für den Wiederaufbau der Kuppel und die für den Entwurf des Mailänder Architekten Franco Stella.

In Daten ausgedrückt: Im Jahr 2001 setzten der Bund und das Land Berlin eine Kommission »Historische Stadtmitte Berlins« ein, die im Dezember desselben Jahres mit lediglich einer Stimme Mehrheit eine Rekonstruktion des Berliner Schlosses in der »Stereometrie« des alten Baukörpers empfahl, was übrigens bedeutet: 200 Meter lang, 120 Meter breit, 31 Meter hoch, mit Kuppel 74 Meter. Adrienne Goehler, damals Staatssekretärin für Kultur in Berlin, prägte den Begriff der »Staatsbonbonniere«. Sie hatte dagegen gestimmt.

Am 4. Juli 2002 folgte der entsprechende Beschluss des Deutschen Bundestags mit 384 von 589 Stimmen, damit einhergehend die Finanzierung. Denn auch wenn eine nicht unerhebliche Summe an Spendengeldern für die Fassade und den Kuppelaufbau eingeworben wurde, ist die Rede vom spendenfinanzierten Schloss ein Mythos. Das Projekt »zum Humboldt Forum wiederaufgebautes Schloss« ist steuerfinanziert, ein »Geschenk des Staates an den Staat«. Die Kuppel war übrigens nicht Teil dieses Beschlusses, allenfalls als Option. 2006 folgte ein internationaler Architektenwettbewerb. Auch bei dessen Ausschreibung fand die Kuppel nur am Rande Erwähnung. Das Ergebnis wurde 2008 bekannt gegeben. Da schieden alle Entwürfe aus, die auf eine Kuppel verzichteten (es waren fünf von 30).

Das Besondere an dem Bauprojekt bestand in allen Phasen darin, dass die Frage der Nutzung des gewaltigen Zentralbaus immer unabhängig von und zeitlich nach den Fragen der Fassadengestaltung gestellt, diskutiert und entschieden wurde – weshalb es nicht nur möglich, sondern naheliegend ist, sich in diesem Essay auf die Fassade zu beschränken, zumal diese Anfang 2021, als dieser Text entstand, vollendet war, das Konzept für das Humboldt Forum dagegen noch nicht in aller Konsequenz, zumindest nicht so sichtbar wie die Fassade, hinter der es sich verbirgt.

Jede der aufgeführten Entscheidungen hätte auch anders fallen können – mit einschneidenden Konsequenzen für die Zukunft des Ortes, der damals zur Debatte stand, und damit für die Zukunft der Stadt Berlin, der Hauptstadt des wiedervereinigten Deutschland.

Berlin – Wachstum und Abriss

Vielleicht rührt die Sehnsucht nach architektonischer Restauration ja von der ewigen Jugend der Großstadt Berlin her, die nie das Ergebnis einer gesellschaftlichen, kulturellen oder politischen Entscheidung war. Diese *ewige Jugend* als Stadt ergab sich vielmehr immer wieder als Folge der Zeitläufte, als Konsequenz von Umständen. Die vermeintliche Geschichtslosigkeit der Stadt war immer das Ergebnis der Geschichte, die, wie Karl Scheffler, viel zitiert, schon 1910 feststellte, die Stadt dazu verdammte, »immerfort zu werden und niemals zu sein«.

Mitte des 19. Jahrhunderts errang Berlin »die Stellung der Großstadt«. Das heißt nach einer Definition des ersten Berliner Großstadthistorikers Hans Ostwald, der von 1904 bis 1908 eine Mammut-Buchreihe mit dem Titel *Großstadt-Dokumente* herausgab, »desjenigen Ortes, der nicht quantitativ eine große Stadt gegenüber kleineren Mitbewerbern ist, sondern der sich qualitativ in sittlicher und anderer Beziehung von der Kleinstadt und dem Lande unterscheidet« – Berlins erste Jugendzeit als Großstadt. Karl Scheffler schreibt in *Berlin – ein Stadtschicksal* 1910, also wenige Jahre später:

»Die Stadt vergrößerte sich in phantastisch schneller Weise, und da dieses nicht auf Grund langsam von innen nach außen organisierender Bedürfnisse geschah, wuchs auch die Formlosigkeit ins Phantastische. (...) Während die moderne Entwicklung Berlins einerseits als Beweis für die mächtige Arbeitskraft und Unternehmungslust der neuen Zeit dasteht, dient sie andererseits als der Beweis einer Kulturlosigkeit, die hier und da bis zu Zügen einer barbarischen Monumentalität gesteigert erscheint.«

Nach der Einigung zum Deutschen Reich zum 1. (nicht erst zum 18.) Januar 1871 war die Reichshauptstadt regelrecht explodiert. Dazu schrieb Hans Ostwald 1904 im Vorwort zu dem *Großstadt-Dokumente*-Band mit dem Titel *Dunkle Winkel in Berlin*:

»Die letzten Jahrzehnte haben diese imponierenden Menschenanhäufungen geschaffen, die wir Großstadt nennen. Selbst wer ihre abscheulichen Mängel erkennt und hasst, wird ihr doch einen gewissen Kulturwert nicht absprechen können. Und wer ihren Kulturwert preist, wird ihre Mängel nicht übersehen dürfen. (...) Die verblüffende Raschheit des Wachsens der Großstädte schließt fast aus, dass ihr riesenhafter Gehalt in einem Kunstwerk, etwa in einem Roman wiedergegeben werden kann. Das ist selbst einem Zola nicht immer gelungen. Und wir wollen froh sein, dass wir über die Zeit solcher Romane hinweg sind.«

Die anschwellende »imponierende Menschenanhäufung« wurde, wiederum aufgrund eines Entschlusses zur Einigung, nämlich im *Gesetz über die Bildung einer neuen Stadtgemeinde*

Berlin vom 27. April 1920, über Nacht zur nach London und New York bevölkerungsreichsten (3,8 Millionen) und nach Los Angeles ausgedehntesten Stadt der Welt, war also schon wieder eine Stadt, die das, was sie nun sein sollte, erst einmal werden musste. Da musste erst noch zusammenwachsen, was eben erst seit diesem Gesetz zusammengehört. Aus diesem Grund existierten lange so viele Freiräume zwischen den zusammengefügten Stadtteilen. Der Architekturhistoriker Julius Posener übrigens, der hier noch zu Wort kommen wird, behielt zeit seines langen Lebens die Adresse seines Elternhauses, so dass seine Lebensdaten lauteten: »Geboren in Lichterfelde 1904, verstorben 1996 in Berlin«.

Nach 1933, also gerade mal 13 Jahre nach der Proklamierung von Groß-Berlin und den dieser Entscheidung folgenden Bau- und Entwicklungsprojekten, wurden ganze Quartiere schon wieder demoliert, um Raum zu schaffen für Adolf Hitlers und Albert Speers Wahnvorstellung von einer Hauptstadt *Germania* mit 10 Millionen Einwohnern, kilometerlangen schnurgeraden Prachtboulevards (heute noch streckenweise von den von Speer dafür entworfenen Laternen beleuchtet) und mit der *Großen Halle des Volkes*, dem größten Kuppelbau der Welt, schließlich wurde immer schon mit Kuppeln Eindruck geschunden. Die projektierte Ausdehnung dieses Germania-Berlin erfährt jeder buchstäblich selbst, der sich wundert, wie weit entfernt von der Stadtgrenze der Berliner Autobahnring verläuft: Das wäre nach der Vorstellung von Hitler und Speer die Stadtgrenze von *Germania* gewesen.

Die Stadt war also vielerorts schon zerstört, als sie durch Bombardierung und Straßenkampf zum Ende des Zweiten Weltkriegs in Schutt und Asche gelegt wurde. Jens Bisky zitiert in seiner großen Stadtbiographie Adolf Hitler, der nach einem Bombenangriff zu seinem Architekten sagte: »Was hat das alles schon zu sagen, Speer! Für unseren neuen Bebauungsplan hätten Sie allein in Berlin achtzigtausend Häuser abreißen müssen. Leider haben die Engländer diese Arbeiten nicht genau nach Ihren Plänen durchgeführt. Aber immerhin ist ein Anfang gemacht.«

Bei den jeweiligen Neubauten aus der Gründungs- und der Kaiserzeit, der Weimarer Republik und den Jahren des NS-Regimes wurde allesamt viel Energie und Kreativität, Geld, Arbeit und Material aufgewandt, um mit ihren Fassaden den jeweiligen Geist der Zeit weithin sichtbar und sinnlich erfahrbar zum Ausdruck zu bringen. 1945 wurde dieses Berlin dann schon wieder zu einer Stadt, die werden musste, jetzt sogar zu zwei Städten, die in einer Art architektonischen Systemwettbewerbs am lebenden Objekt das Werden einer Stadt nach ihrer Zerstörung unterschiedlich, bald gezielt gegeneinander interpretierten und in Abriss- und Neubauprojekten manifestierten.

Dabei machten die Verantwortlichen in den schon wieder oder immer noch jugendlichen Halbstädten auf beiden Seiten der Mauer oft genug deutlich, wie bewusst sie sich der Tatsache waren, dass mit Gebäuden Botschaften ausgesandt werden – und zwar lauter, klarer, nachhaltiger, eindringlicher, als es ein Zeitungsartikel, ein Buch oder eine Rede je könnte. Wie wörtlich die Kalten Krieger jener Jahre dieses Instrument der gegenseitigen Propaganda nahmen, mit dem sie der jeweils anderen Stadtseite die eigene Position regelrecht zurufen wollten, illustriert bis heute eine drei Meter hohe Plastik auf dem Mittelstreifen der Straße des 17. Juni. Es handelt sich um den Nachguss eines Werks des Bildhauers Gerhard Marcks, die 1989, wenige Monate vor Öffnung der Mauer, was damals allerdings noch niemand ahnte, aufgestellt wurde, finanziert von einer privaten Bankenstiftung und dem Axel Springer Verlag: eine stehende männliche Figur, die Hände zur Verstärkung ihres Rufs um den geöffneten Mund gelegt. Die Plastik heißt *Der Rufer*. Er ruft seine Botschaft Richtung Osten. Wie sie lautet, legt eine Inschrift fest, ein Zitat des italienischen Renaissance-Dichters Francesco Petrarca: »Ich gehe durch die Welt und rufe: Friede, Friede, Friede.«

Berlin wurde zu einer Art Museum des gebauten Kalten Kriegs im Maßstab eins zu eins: Als Symbole ihrer jeweiligen Vorstellungen von Stadt und Gesellschaft entstanden in den fünfziger Jahren die Stalinallee im Osten und das sich betont international gebende Hansa-Viertel im Westen; Jens Bisky verweist außerdem auf die Gleichzeitigkeit, mit der Ende der sechziger Jahre zwei Turmbauten die jeweiligen Halbstädte charakterisierten: der Fernsehturm am Alexanderplatz, Ost, und das Hochhaus am Steglitzer Kreisel, West. Schon in den fünfziger Jahren war die Systemkonkurrenz treibende Kraft hinter großen Bauprojekten gewesen. Die Kongresshalle etwa, im Volksmund *Schwangere Auster* genannt, heute das

Haus der Kulturen der Welt: Das Gebäude war ein Geschenk der US-Amerikaner an die Halbstadt West-Berlin anlässlich der Internationalen Bauausstellung 1956/57, ein Signal der (west)deutsch-amerikanischen Freundschaft. Architekt Hugh Stubbins nannte es poetisch ein »Leuchtfeuer der Freiheit, das seine Strahlen nach Osten sendet« und pragmatisch einen »Propagandabau, der sich an die Sowjets richtete, die nur einen knappen Kilometer entfernt waren«.

Nach dem Bau der Mauer 1961 gewann das kalt Kriegerische in Berlins Architektur erst recht an Bedeutung und Dynamik: sei es das goldene Hochhaus des Springer-Verlags direkt an der Mauer; die ebenfalls goldene Staatsbibliothek am Potsdamer Platz mit ihrer fensterlosen Rückseite Richtung der im Osten gleich hinter der Mauer befindlichen Stadtmitte (der radikale Antimodernist Wolf Jobst Siedler klagte in seinem *Abschied von Preußen*: »So hat Scharoun die alte Potsdamer Straße, das Herzstück der Reichsstraße 1 von Aachen nach Königsberg, kurzerhand im Tiergarten enden lassen, um seine Staatsbibliothek einen Westwallbunker mit Goldlamé, darauf zu setzen«); der von Mercedes-Benz finanzierte Carillon-Turm im Tiergarten, mit dessen Glockenspiel sich aus dem Westen über die Mauer hinweg auf das Glockenspiel im Französischen Dom am Gendarmenmarkt (also in Ostberlin) antworten ließ, beide Carillons entstanden 1987 anlässlich der 750-Jahr-Feier der Stadt; die an Stadtrand gemahnende Wohnhausbebauung an der Wilhelmstraße, die signalisierte, dass diese Adresse, einst das politische Machtzentrum der Hauptstadt, jetzt eben genau das war: Stadtrand. Die Entsprechung auf der Westseite bildet der runde, mit einer dezidiert nicht-innenstädtischen Bebauung seiner ehemaligen zentralen und repräsentativen Rolle enthobene Mehringplatz, einst Belle-Alliance-Platz und neben dem achteckigen Leipziger und dem quadratischen Pariser Platz einer der drei an die Größe des alten Rom gemahnenden Kernbereiche der Reichshauptstadt – um nur einige wenige Beispiele zu nennen. Stets schwebte der Kalte Krieg über dem Tisch, wenn im geteilten Berlin gebaut oder gar Stadt geplant wurde. Das prägte auch die Namen, die die beiden halben Städte sich und, abgeleitet davon, der jeweils anderen Hälfte gaben: Um die unterschiedlichen Auffassungen vom Status der Stadthälften auch amtlich zu demonstrieren, hieß der sich als Halbstadt begreifende Westen *West-Berlin*, entsprechend war hier von *Ost-Berlin* die Rede. Dagegen hieß der sich als vollgültige und eigenständige Hauptstadt eines eigenen Staates begreifende Ostteil dort *Berlin. Hauptstadt der DDR*, so war es auch auf den Autobahnschildern zu lesen, und den Westen nannte man hier folgerichtig *Westberlin*.

Zu den vom Kalten Krieg beeinflussten Bauten kamen zahlreiche Abrissprojekte, ebenfalls auf beiden Seiten der Mauer. Auch diese waren nicht selten ideologisch motiviert. Das prominenteste Opfer war das beschädigte Berliner Schloss, das im September 1950 gesprengt wurde.

Nach dem Fall der Berliner Mauer im November 1989 und der Vereinigung der beiden deutschen Staaten 1990 sowie der, übrigens äußerst knappen, Entscheidung des Bundestages in Bonn für Berlin als Bundeshauptstadt fanden sich die beiden städtebaulich inzwischen weitgehend gegeneinander sozialisierten Stadthälften erneut im Status einer jungen, erst noch werdenden Stadt wieder. Stadtentwicklung als Einigungsmaßnahme, das ist der bislang letzte Entwicklungsschub des scheinbar zur ewigen Jugend verdammten Berlin, das aufgrund der kurz skizzierten Geschichte immer Bedarf und Potenzial hatte, immer Leer-, Spiel- und Entwicklungsräume auswies. Erst gegen Ende des zweiten Jahrzehnts des 21. Jahrhunderts war Berlin so intensiv nachverdichtet, dass es sozusagen aufgeholt hatte zu anderen Städten seiner Größe, im Sinne der Immobilienmärkte und der Stadtentwicklung also erwachsen geworden war. Wie gut, wie sinnvoll, wie ästhetisch ansprechend, wie innovativ, angemessen und zukunftsweisend das gelungen ist, das mögen Stadthistorikerinnen und Stadthistoriker der Zukunft entscheiden. (Die Ausgabe Dezember 2020 des Magazins *Arch+* hat hierzu wichtige Positionen zusammengetragen.)

Genau in diesem (bau)historischen Moment, in dem das abwechselnd oder auch gleichzeitig geschundene und glorifizierte Berlin ziemlich pragmatisch (es gibt kaum eine pragmatischere Branche als die der Immobilienentwickler) für erwachsen geworden erklärt werden kann, hätte das Berliner Schloss, einst Residenz der Hohenzollern, seine Pforten als Humboldt Forum eröffnet, wenn die Corona-Pandemie das nicht verhindert hätte, ein wahrer Fanfarenstoß von einem Bauprojekt.

War das Bedürfnis nach dem Wiederaufbau eines Königs- und Kaiserschlosses, des Konservativsten, was die Architekturgeschichte als Modell und Symbol zu bieten hat, in der Mitte einer ewig jungen Stadt auch eine Reaktion auf die skizzierte, von der Geschichte oktroyierte ewige Jugend Berlins? Dieser wechselfreudige Status der deutschen Hauptstadt war es ja, der von der jeweils jungen Generation immer wieder mit viel Spaß, Lust und Kreativität angenommen worden war. Man denke an die zwanziger Jahre, aber auch die fünfziger, sechziger, siebziger und achtziger, in Ostberlin wie in West-Berlin, an die Szeneviertel und Clubkarrieren der neunziger und der nuller Jahre im von seinem Regierenden Bürgermeister als »arm, aber sexy«, also sozusagen offiziell als dauerpubertär charakterisierten Nachwende-Berlin. Diesem ewig Offenen, durchaus auch hedonistisch Gegenwärtigen, das Künstlerinnen und Künstler, Kreative aller Sparten und junge Menschen aus aller Welt geradezu magnetisch anzog, wollten konservative Intellektuelle und Politiker wahrscheinlich immer schon einen Riegel vorschieben. Das ist nun geschehen, verschleiert als architektonische Illusion vom Gestern.

»Illusionen«, schrieb Sigmund Freud während des Ersten Weltkriegs in einem Text mit dem Titel *Zeitgemäßes über Krieg und Tod*, »empfehlen sich dadurch, daß sie Unlustgefühle ersparen und uns an ihrer Statt Befriedigungen genießen lassen.« (*Gesammelte Schriften*, Bd. X)

Sehnsucht, Unlust, Camouflage

Es waren zum großen Teil keine Berliner, sondern in West-Berlin einst sogenannte *Westdeutsche*, vorwiegend Männer, die in der ehemaligen Reichshauptstadt schon vor 1989 pfadfinderhaft die Spuren des untergegangenen Preußen gesucht und gefunden hatten. Das Unlustgefühl, das sich für diese Leute mit dem Blick auf den vom *Palast der Republik* verstellten Standort des ehemaligen Schlosses in Berlin Mitte einstellte, ging stets einher mit der Lust zur Illusion an dieser Stelle. Beide, die Unlust wie die Lust, speisten sich aus der Sehnsucht nach einer vermeintlich guten alten Zeit. Allerdings musste man, um gedanklich dorthin zu gelangen, an diesem Standort relativ weit zurückgehen: Die verhasste DDR musste links liegen gelassen werden, der Krieg naturgemäß auch, die Nazizeit sowieso, aber auch die Weimarer Republik, die hatte ja nicht lang gehalten, davor schon wieder Krieg, auch verloren – also musste sich der Blick sicherheitshalber zurückwenden bis ins lange 19. Jahrhundert. Da war die Welt noch in Ordnung, zum letzten Mal. Zumindest war es lang genug her, dass es einfacher war, sich der Illusion hinzugeben, die Welt sei in Ordnung gewesen.

Es wurde bereits erwähnt, dass die historische Forschung nicht zuletzt aufgrund einiger runder Jahrestage, die sie sich der Geschichte Preußens und Deutschlands im späten 19. und frühen 20. Jahrhundert gründlich annehmen ließ, ein sehr viel differenzierteres Bild jener Zeit entworfen hat, als wir es noch vor 20 oder 30 Jahren hatten. Parallel dazu hat die Tendenz, gerade Preußen mit seiner Geschichte und seinen Traditionen zu idealisieren und vor allem anderen seine kulturellen Leistungen hervorzuheben, nicht nachgelassen, im Gegenteil. Die einstige Prachtstraße *Unter den Linden*, die jetzt wieder auf ein Gebäude zuführt, das einst als Schloss erbaut worden war (nach Julius Posener übrigens keineswegs preußische Planung, sondern vielmehr »städtebaulicher Zufall«) und jetzt mit der Fassade eines Schlosses als Museum wiedererrichtet worden ist, gibt sich, nachdem DDR-Gebäude abgetragen oder massiv umgebaut und alte Häuser rekonstruiert worden sind, inzwischen, je mehr sich die Straße der Stelle nähert, auf der nun die Schlossreplik steht, als eine Art Aufmarschplatz architektonischer Preußenreminiszenzen, mithin als regelrechte Parade historischer Rekonstruktionen oder besser: Camouflagen. Unsere Flaneurin und unser Flaneur (die es zwischen Dauerbaustellen und Durchgangsverkehr eh schon nicht ganz leicht haben auf der Straße, die so gern wieder Prachtboulevard wäre) befinden sich sozusagen unter Dauerbeschuss von historischen Botschaften. Aber letzten Endes ist es immer dieselbe Botschaft: Preußen.

Etwa das Kronprinzenpalais, eine Art Ost-Variante eines als altes Gebäude camouflierten Neubaus, oder die sogenannte Bertelsmann-Repräsentanz, eine Art West-Variante eines als altes Gebäude camouflierten Neubaus. Der Begriff Camouflage stammt aus dem Französischen und steht für militärische Tarn-Kleidung sowie für Tarn-Anstriche, in der Sozialpsychologie aber auch für eine Technik der Abwehr. Man könnte also sagen, dass eine Gesellschaft, die ihre Neubauten mit alten Fassaden camoufliert, eben nicht nur die Illusion von etwas Vergangenem, nicht mehr Vorhandenem projiziert, sondern gleichzeitig, das ist die andere Seite derselben Medaille, immer auch etwas abwehrt, im Zweifelsfall die eigene Gegenwart. Die Frage ist, was das für die Zukunft bedeutet – für die Zukunft einer Gesellschaft, einer Stadt und die einer jungen Generation in dieser Gesellschaft in dieser Stadt. Seit der Fertigstellung der Hohenzollern-Fassade in der Mitte Berlins ist diese Frage noch schwieriger zu beantworten, als sie es vorher schon war, weil es noch schwieriger geworden ist, sie überhaupt zu stellen. Aber die große Fläche, die diese Fassade darstellt, steht ja nicht nur denen für Projektionen und Illusionen zur Verfügung, die das glorreiche Kultur-Preußen und eine unbeschädigte Vergangenheit damit assoziieren, sondern jeder und jedem für jeden Gedanken und jede Idee. Nochmals: Das alles heißt nicht, dass das Innenleben dieses preußisch camouflierten Kolossalbaus sich nicht zu einer spannenden, wichtigen, unterhaltenden und zugleich nützlichen Institution für die Stadt, die Nation und vielleicht sogar für die Welt entwickeln könnte. Die Frage aber, ob es ein richtiges Leben in der falschen Fassade geben kann, wird bleiben, und sie wird das Humboldt

Forum begleiten, solange es sich nicht nach einer anderen Immobilie umsieht. Das aber wird so schnell nicht geschehen, denn die Institution, die sich an ihrer anachronistischen, ideologisch so hoch aufgeladenen Fassade abarbeiten muss, ist mit dieser Fassade untrennbar verbunden, weil sie ihr nachgeordnet aus der Taufe gehoben wurde, als ein (hätte man es auf Polemik abgesehen, könnte man formulieren: irgendein) Inhalt für die Räume gesucht wurde, die hinter der Fassade entstehen würden.

Wahrscheinlich wäre es nie zur Bauausführung gekommen, hätten die Betreiber des Lobby-Vereins für einen Schlossbau nicht zu einem genialen Mittel der performativen architektonischen Rhetorik gegriffen, der schlichtesten, aber effektivsten Botschaft im Sinne einer Rekonstruktionsphantasie. Im Jahr 1993 ließ ein *Förderverein für die Ausstellung »Die Bedeutung des Berliner Stadtschlosses für die Mitte Berlins« e. V.* die Schlossfassade zur Straße *Unter den Linden* hin im Maßstab eins zu eins als eine Art fotorealistische Simulation aufstellen. Hier die Darstellung auf der Website des *Fördervereins Berliner Schloss e. V.*, Stand 2021:

»Als Basis für die Simulation diente eine Idee des Architekturhistorikers und Schlüterexperten, Goerd Peschken, und seines Freundes, des Architekten Frank Augustin. Beide hatten in einer Studie Anfang der 90er Jahre vorgehabt, eine kulissenhafte Nachbildung des Schlosses herzustellen, in die, quasi als Metamorphose, nach und nach das wirkliche Schloss zurückkehren könnte. (...) Diese Idee wurde von Wilhelm von Boddien dahingehend umgearbeitet, dass er das Schloss fotorealistisch dreidimensional auf eine große Fassadentapete malen ließ, in bester ›trompe l'œil‹-Manier. (...) Am 30. Juni 1993 wurde die Ausstellung im Beisein des Regierenden Bürgermeisters von Berlin, Eberhard Diepgen, und vieler Prominenter eröffnet. Millionen von Besuchern haben sich bis zum 30. September 1994 die Fassadensimulation angesehen und sich von ihr überzeugen lassen.«

Der Vorgang ist ein eindringlicher Beleg für die verlässliche Funktionsweise von Projektionen und entsprechend – in der perspektivischen Umkehr – eine Warnung davor, Projektionsflächen in ihrem manipulativen Potenzial zu unterschätzen: So flach sie sein mögen, so tief können sie ins emotionale Bewusstsein der Menschen dringen. Überzeugung durch Trompe-l'Œil – wär's eine literarische Metapher, man müsste den Autor der Polemik zeihen. Aber es ist keine Metapher. Es handelt sich um gezielt eingesetzte architektonische Rhetorik. Wobei das Ziel nicht einfach zu identifizieren ist, wenn man nicht unterstellen möchte, dass da allen Ernstes das Geschäft der Restauration betrieben werden sollte. Der Gedanke aber ist im Resonanzraum dessen, was hier gebaut werden sollte und dann auch gebaut worden ist, immer mit dabei und muss permanent widerlegt werden.

Eine Illusion, die einmal im Raum steht, bekommt man so schnell nicht mehr aus dem Kopf, selbst wenn sie in Wirklichkeit wie die Schlossfassadenattrappe (1993 errichtet, 1994 abgebaut) wieder verschwindet. Die Idee bleibt. Und die Idee ist stärker als der Anblick. Und so bleibt, ist es einmal geweckt, das Bedürfnis, die Illusion wieder zu erleben. Das ist die simple, aber wirkmächtige Mechanik der Sucht, die sich Illusionserzeugerinnen und -erzeuger für ihre meist künstlerischen, manchmal aber auch politischen Zwecke gern zu eigen machen. So kam es zum neuen Berliner Schloss, auf das heute zuläuft, wer die Straße *Unter den Linden* Richtung Stadtmitte geht, das Brandenburger Tor im Rücken. Mit Hilfe ihres Trompe-l'Œil konnten die Befürworterinnen und Befürworter eines Schloss-Neubaus an alter Stelle sinnfällig machen, wovon sie vorher immer nur hatten reden und schreiben können.

Rückkehr nach Preußen

Die Debatte um einen Wiederaufbau des Hohenzollern-Schlosses in Berlins Mitte setzte unmittelbar nach der zweiten Einigung Deutschlands zum Nationalstaat ein, also im Jahr 1990. Den Aufschlag machte der konservative Publizist Joachim Fest am 3. November 1990 in der von ihm mitherausgegebenen *Frankfurter Allgemeinen Zeitung* mit einem Text, der seinen Punkt schon in der Überschrift deutlich machte: »Denkmal der Baugeschichte und verlorenen Mitte Berlins. Das Neue Berlin, Schloss oder Parkplatz? Plädoyer für den Wiederaufbau des Schlüterschen Stadtschlosses.«

Damit war einer der Topoi der Debatte um das Schloss gemünzt: die Behauptung, dass Berlin mit dem Bau seine

Mitte verloren habe. Joachim Fest: »Das Stadtbild verlangt an dieser Stelle einen Raumkörper, der die beziehungslosen Bauteile um den Lustgarten wieder verklammert.« Und Fest fügt schon 1992 hinzu: »Ernst zu nehmen sind die sowohl in Berlin selber als auch weit darüber hinaus inzwischen laut gewordenen Stimmen, die für einen Wiederaufbau des Schlosses plädieren.«

Dass es sich um ein dezidiert politisches Projekt handeln würde, stand für Fest außer Frage: »In der weltpolitischen Auseinandersetzung, die hinter uns liegt, ging es nicht zuletzt darum, das Vordringen der Herrschaftsidee [des Sozialismus] zu verhindern. Wenn der Abbruch des Schlosses das Symbol ihres Sieges sein sollte, wäre die Wiedererrichtung das Symbol ihres Scheiterns.«

Besonders betont wurde dennoch stets das städtebauliche Argument. In der öffentlichen Diskussion wurde es – ungeachtet der bereits zitierten Diagnose von Julius Posener eines »städtebaulichen Zufalls« – immer zuerst angeführt. Und irgendwann war es so oft gesagt, geschrieben und behauptet worden, dass man gar nicht mehr anders konnte, als es irgendwie zu glauben.

»Was sind die *Linden* ohne das Schloss?«, fragte etwa Wolf Jobst Siedler (1926–2013), wie Fest ein Nestor der konservativen deutschen Nachkriegsintellektuellen, radikal antimodernistischer Architekturkritiker und letzten Endes so etwas wie der geistige Übervater der Schloss-Rekonstruktion. Er wurde zur wichtigsten der von Joachim Fest herbeizitierten »Stimmen, die für einen Wiederaufbau des Schlosses plädieren«. Sein Plädoyer für einen Schlossbau mit dem Titel *Das Schloß lag nicht in Berlin – Berlin war das Schloß* ist eine Art Gründungsdokument der Schlossbewegung geworden und wird mitunter zitiert, als habe Siedler es in Form von Thesen an das Schlossportal IV genagelt, das sogenannte »Lustgarten-Portal«, das von den DDR-Oberen vor der Sprengung bewahrt wurde, weil die Sage ging, Karl Liebknecht habe auf dem goldenen Balkon über dem Tor am 9. November 1918 die sozialistische Republik ausgerufen (was so nicht stimmt, aber das machte nichts).

Siedlers Text, dem die Frage »Was sind die *Linden* ohne das Schloss?« entnommen ist, erschien zuerst in einem Aufsatz-Band mit dem Titel *Abschied von Preußen*. Es ist mehr als der theoretisch unterfütterte Ausdruck eines Verlusts und der Sehnsucht, diesem Verlust etwas entgegenzusetzen. Es ist auch das Manifest eines bestimmten Bildes von Preußen, an dem in der Folge in der deutschen intellektuellen Nachwendegeschichte kontinuierlich weitergezeichnet wurde. Und es ist ein Plädoyer, den Städtebau, konkret: die Innenstadt des gerade wiedervereinigten Berlin, prominent und nachhaltig als Projektionsfläche für eine Manifestation dieses Geschichtsbildes zu nutzen, man könnte auch sagen: zu instrumentalisieren, auf jeden Fall, es in diesem Sinne zu besetzen. Es lohnt sich, den Text noch einmal zu lesen und seine Argumentation genauer zu betrachten. Inzwischen ist er ja selbst historisch. Und es ist gut möglich, dass es das zum Humboldt Forum wieder aufgebaute Schloss heute nicht gäbe, wenn dieser Text damals nicht geschrieben worden wäre. Er hat ganz real tiefe Spuren in der Topographie der Stadt hinterlassen. 1993 erschien eine überarbeitete Fassung im Katalog einer Ausstellung des Fördervereins Berliner Stadtschloß mit dem Titel *Das Schloß? Eine Ausstellung über die Mitte Berlins* (aus dem im Folgenden zitiert wird). Der Text ist auch abrufbar auf der Website des Vereins der Schlossfreunde und der des Humboldt Forums.

Zuerst erschienen ist der Aufsatz als Herzstück eines bemerkenswerten Buchs. Für die Zeit der Lektüre ermöglichte Siedler mit diesem Buch so etwas wie eine Rückkehr nach Preußen. Die Trauerarbeit, die dieser *Abschied von Preußen* kenntnisreich und sprühend vor brillanten Beobachtungen mit seinen zahlreichen, in hervorragender Qualität reproduzierten Schwarzweißfotografien leistet, versorgte Leserinnen und Leser mit Material für ihren Traum von einer Rückkehr nach Preußen. Bei manchen hat er ihn vielleicht sogar erst geweckt. Symbol für dieses Preußen und für eine Rückkehr dorthin wäre der Wiederaufbau der Residenzschlösser in Potsdam und Berlin. Das insinuiert das Buch, schließlich war Wolf Jobst Siedler sein eigener Verleger, mit einer spektakulären Inszenierung: Für gewöhnlich beginnt ein Buch mit dem sogenannten Schmutztitel (einem leeren Blatt, auf dem in kleinen Lettern der Titel gedruckt ist), gefolgt vom eigentlichen Titelblatt mit Autor, vollständigem Titel und Verlag. Dann erst kommt der Inhalt. Siedlers *Abschied von Preußen* jedoch setzt mit einem dramatisch inszenierten zweifachen Fanfarenstoß in Moll ein: zuallererst über eine Doppelseite, ohne Rand, eine Nahaufnahme des beschädigten Potsdamer Stadtschlosses; dann eine Doppelseite, fast leer gelassen, nur ganz sparsam ein wenig Text am unteren Seitenrand; gefolgt von einer weiteren Schwarzweißfotografie, wieder eine Doppelseite, wieder randabfallend, diesmal das beschädigte Berliner Schloss nach dem Krieg. Die Texte zwischen den Schlössern, auf der Doppelseite, die uns in eine ungewohnte Leere blicken lässt, lauten links: »Das Potsdamer Stadtschloß, das Meisterwerk Wenzel von Knobelsdorffs, überdauerte den Krieg nur als ausgebrannte Ruine. Aber der Baukörper als solcher war fast vollkommen vorhanden und wäre leichter wiederherzustellen gewesen als das Schloß Charlottenburg.« Am unteren Seitenrand gegenüber ist zu lesen: »Berlins Schloß, an dem ein halbes Jahrtausend gebaut hatte, war zu großen Teilen eine Ruine, als die Waffen schwiegen. Aber einige Flügel waren so gut erhalten, daß schon 1946 eine Ausstellung französischer Impressionisten im Schloß eröffnet wurde – wie als Verheißung, daß es wieder die Mitte der Metropole werden würde. Fünf Jahre nach dem Krieg ordnete Ulbricht seine Sprengung an.«

Das ist die Bühne, die der Verleger Wolf Jobst Siedler dem Autor Wolf Jobst Siedler für seinen Essay zum Schloss aufschlägt, der Joachim Fests Forderung nach einem Wiederaufbau des Schlosses publizistisch exekutiert. Der Text leistet Basisarbeit. Sein Ziel ist es, intellektuell das Fundament zu legen, auf dem dereinst das Schloss als real existierendes Gebäude wiedererrichtet werden können sollte. Es ist ein Text, der das, wovon er träumt, wirklich werden lassen will (und wird – was der Autor naturgemäß nicht wissen konnte, während er ihn schreib). Als er geschrieben wurde, war keineswegs ausgemacht, dass das gelingen würde. Im Gegenteil, es erschein sogar als eher unwahrscheinlich. Selbst die Frage, ob sich genügend Unterstützer für eine solche Idee würden rekrutieren lassen, hätten die meisten wahrscheinlich im Jahr 1991 noch verneint. Noch war es die Zeitrechnung vor der großen Illusion der Schlossfassadenattrappe. Erst einmal bedurfte es eines Manifests, einer Grundlagenschrift, eines fundierten Glaubensbekenntnisses aus berufenem Mund für das Schlosswiederaufbauprojekt. Das hat Wolf Jobst Siedler, dessen Stimme Gewicht hatte in den konservativen Kreisen der alten Bundesrepublik, mit seinem Aufsatz geliefert. Der Traum, den Siedler als Manifest beflügeln sollte, ist – der Titel des Buchs, in dem er zuerst erschien, unterstreicht es pointiert – ein Traum von Preußen.

Die Forderung nach der Wiedererrichtung der Hohenzollern-Residenz als mehr oder weniger erste Reaktion auf die just erfolgte, politisch, wirtschaftlich wie gesellschaftlich äußerst fragile Vereinigung der beiden deutschen Staaten war eine eher radikale Idee. Zum klassischen Instrumentarium von Texten, die eine radikale Idee zum *common sense* erklären und sie verabsolutieren wollen, gehört es, klar und unüberlesbar zu formulieren, gegen wen sie sich richten. Das freut diejenigen, die sich bestätigt sehen, und erleichtert es denjenigen, die überzeugt werden sollen, oder gar aufgefordert werden, die Seiten zu wechseln. Man kann sich dann hinter der Idee eines Textes versammeln wie um ein wärmendes Feuer. Und es geht hier ja tatsächlich mehr um die manifeste Bestätigung einer latenten Sehnsucht als um argumentatives Überzeugen. Ein klassisches rhetorisches Mittel, eine sich so konstituierende Gegenseite bloßzustellen, die sich, wo doch alle Argumente angeblich sonnenklar auf dem Tisch liegen, immer noch nicht hat überzeugen lassen, ist es, sie zum hoffnungslosen Fall zu erklären, im rhetorischen Idealfall generell, nicht nur hinsichtlich der zur Debatte stehenden Frage. Also werden, mit Blick auf den Plan einer Rekonstruktion historischer Bauten, noch einmal Grundsatzthesen in der Verkleidung von *faits accomplis* verkündet. Und es werden bedeutende Debatten um den Wiederaufbau und die Zukunftsfähigkeit deutscher Städte nach dem Zweiten Weltkrieg vom Tisch gewedelt, erledigte Fälle:

»Die leidenschaftlichen Gegner der Wiederherstellung verschwundener Baudenkmäler können einem allmählich leid tun. Seit Jahrzehnten kämpfen sie nun gegen den Wiederaufbau der im Krieg zerstörten oder im Nachkriegswahn abgerissenen Werke, da deren Rettung oder Rekonstruktion ja nur auf Falsifikate hinauslaufe. Vor allem vom Westen her erheben sie warnend ihre Stimme gegen das Verlangen, das Zerstörte wiederzuerrichten. Die Dome und Schlösser aus alter Zeit seien nun einmal nicht mehr vorhanden; sie nach den Katastrophen wieder aufbauen zu wollen, liefe auf bloße Kopien hinaus, die den Nachgeborenen nun auch noch ihre Geschichte nehmen wollten. Mit Mut zum Zeitgenössischen müsse man die Verluste hinnehmen und aus dem Geist der Gegenwart die Lücken füllen.«

Damit gibt Siedler die Position der Gegenseite einfühlsam wieder, wenn auch in distanzierender Absicht. Siedler illustriert die Argumentation seiner Gegnerinnen und Gegner anschaulich mit Beispielen, die jene allesamt genauso gut aufs Tapet hätten bringen können. Er allerdings führt sie an, um die Vertreter der Gegenseitige als »Fetischisten des Ursprünglichen« zu desavouieren:

»So argumentierte man schon gleich nach dem Kriege, als die Kunsthistoriker, Denkmalpfleger und Architekten gegen einen Wiederaufbau des Doms von Xanten aus dem zehnten Jahrhundert protestierten. Eugen Kogon und Walter Dirks erklärten den Wiederaufbau des Frankfurter Goethe-Hauses am Hirschgraben – wie des Weimarer Schillerhauses – zu einer Lüge, denn der Humanismus aus Deutschlands klassischer Epoche habe nun einmal die Barbarei nicht verhindern können. Das Land Baden-Württemberg und die Stadt Stuttgart hatten den Abriß des Neuen Schloßes der Herrscher von Württemberg schon formell beschlossen, denn die Rettung der Ruine werde nur ein ›Imitat‹ zustande bringen, wie die Architektenkammer befand.«

Der Bildungsbürger, Publizist und Verleger Wolf Jobst Siedler steht in der und in gewisser Weise auch für die Tradition einer konservativen Aufklärung. Diese ist es auch, die er in der Kultur Preußens verkörpert sieht. Hier haben wir ihn, den Traum von Preußen, den er mit der Projektion eines wiedererstehenden Hohenzollern-Schlosses träumt. Dass dieses geträumte Bild nicht ganz widerspruchsfrei ist, spielt für den Essayisten nicht wirklich eine Rolle, zumal es sich hier eh um einen Traum handelt, was sonst? Jedenfalls noch nicht um einen Plan. Ein Teil jenes Preußen, von dem Siedler träumt, indem er sich von ihm verabschiedet (indem er vom Wiederaufbau des Schlosses träumt), ist das, was hier als »Kultur Preußens« gemeint ist, ganz gewiss. Allerdings ist der Anteil von Kunst, Kultur und schönem Geist am preußischen Alltag keineswegs so dominant gewesen, wie es die Preußen-Verehrerinnen und -Verehrer im ausgehenden 20. Jahrhundert gern gehabt hätten. Wie auch immer man das Verhältnis ermitteln und ansetzen wollte, in jedem Fall gilt: Es ist ebenso reizvoll wie unzulässig, diesen Aspekt zu isolieren und von den anderen prägenden Charakteristika des Preußischen Staates und des von Preußen dominierten und geprägten deutschen Nationalstaates zu trennen. Preußen ist ein Paket. Und das Berliner Schloss steht, wie es da in der Mitte der Hauptstadt steht, für dieses Paket, zu dem Chauvinismus, Antisemitismus, Militarismus, Nationalismus, Despotismus und viele andere nicht ganz so sympathische Ismen eben auch gehören, es steht eben nicht bloß für Schinkel, die Humboldts, Schadow und Lenné. Man kann, ja man muss eben beides auf die Fassade projizieren, denn sie verkörpert beides.

Zum argumentativen Gestus der konservativen Aufklärung gehört seit ihrer Etablierung im 18. Jahrhundert die Evidenzbehauptung, also die Berufung auf die von allen geteilte Offensichtlichkeit, die Quasi-Selbstverständlichkeit eines Arguments. Sie durchzieht die Kritik des 18. Jahrhunderts, die Quellzeit dessen, was wir als Literatur-, Kunst- und

Kulturkritik kennen. Sie ist die logische Konsequenz einer erkenntnistheoretischen Wende der Aufklärungszeit, die die sinnliche Erfahrung jedes Einzelnen an die Stelle von allen gleichermaßen vorgeschriebenen Regeln setzte. Im Bereich von Kunst und Ästhetik (Letztere entsteht in diesem Zuge erst) rückt an die Stelle einer (objektiven) Regelästhetik eine (subjektive) Wirkungsästhetik. Der Kritik, gleichermaßen Motor und Ergebnis der Aufklärung, kam die Aufgabe zu, der potenziell unendlichen Vielstimmigkeit einzelner, auf subjektiv erfahrenen Wirkungen beruhender Urteile so etwas wie Intersubjektivität entgegenzusetzen, also einen Gemeinsinn zu stiften. Diese zentrale Bedeutung der Kritik für die Aufklärung führte zu intellektuellen und publizistischen Höchstleistungen, bezeichnet aber auch eine strukturelle theoretische Schwäche, an der die Aufklärung immer gelitten hat: Da sie unter dem Motto »über Geschmack lässt sich nicht streiten« auf den Kunstverstand oder zumindest überhaupt auf den Verstand der Einzelnen setzte, fehlte ihr als theoretisches Konstrukt ein intersubjektives Gemeinsames. Umso eifriger wurde das im Modus der Kritik als evident behauptet. Eine ironische Replik auf diese Behauptungen von Evidenzen à la »kein Mensch mit fühlendem Herzen wird widersprechen« leitet Gotthold Ephraim Lessings berühmten 17. Literaturbrief aus den *Briefen, die neueste Literatur betreffend* ein, mit einem Seitenhieb auf den Berliner Aufklärer Friedrich Nicolai, dessen *Allgemeine Deutsche Bibliothek* eine Art Zentralorgan der Literaturkritik der Aufklärung gewesen ist (das am eigenen Anspruch scheitern musste, alles zu rezensieren, was in deutscher Sprache geschrieben wurde, um auf diesem Weg, über die Kritik, für die Zukunft einen verbindlichen Standard zu schaffen):

»»Niemand, sagen die Verfasser der Bibliothek, wird leugnen, daß die deutsche Schaubühne einen großen Theil ihrer ersten Verbesserung dem Herrn Professer Gottsched zu danken habe.‹ Ich bin dieser Niemand; ich leugne es gerade zu.«

Je dünner die argumentative Basis, auf die ein kritischer Gedanke gesetzt wird, und je dicker seine emotionale Ummantelung, sprich: je enthusiastischer er vertreten wird, desto wichtiger wird die Behauptung solcher Evidenzen. Sie durchziehen Wolf Jobst Siedlers Text zum Berliner Schloss. Gleich der erste Satz soll genau in diesem Sinn wirken, fast wie ein barocker Fanfarenstoß:

»Alle großen Städte Europas sind ohne ihre Schlösser denkbar.«

Rhetorisch enthält der Satz bereits die Grundthese des Textes, nämlich: dass dies für alle großen Städte Europas gilt, außer für Berlin, das vielmehr, im Gegenteil, ohne sein Schloss eben nicht denkbar ist. Die Leserin und der Leser des Textes wissen das zu diesem Zeitpunkt aber schon. Denn die Überschrift des Aufsatzes geht in ihrer Evidenzbehauptung sogar noch einen Schritt weiter, indem sie die Existenz Berlins an die Existenz des Schlosses koppelt (was in einer in ihrer Existenz in der jüngsten Vergangenheit durchaus nicht nur metaphorisch massiv bedrohten Stadt naturgemäß besonders laut nachhallt):

Das Schloß lag nicht in Berlin – Berlin war das Schloß.

So steht es über Wolf Jobst Siedlers Artikel. Es ist eine gewagte Behauptung, die seither vielfach wiederholt und zitiert, aber nie von einem Historiker oder Stadthistoriker bestätigt oder untermauert worden ist. Es ist eine Behauptung, deren Begründung sich in der Behauptung ihrer Evidenz erschöpft – klassische aufklärerische Kritik, die sich immer als Kritik im Dienst eines höheren Ziels (nämlich: der *wahren* Aufklärung) sah, nicht als Kritik um des Gegenstandes willen, den sie gerade diskutiert.

In einer eher wohlwollenden Fernsehdokumentation zum fast fertigen neuen Berliner Schloss, die der deutsch-französische Kultursender arte im November 2020 ausstrahlte, kommentiert der Historiker und Journalist Jens Bisky das wiedererstandene Schloss und seine Erscheinung. Bisky tut dies bei aller Kritik an gewissen Aspekten tendenziell ebenfalls durchaus wohlwollend. Genau an diesem Punkt aber wird er deutlich. Er nennt den Namen Wolf Jobst Siedlers zwar nicht, aber er zitiert die Überschrift in ihrem Wortlaut und bemängelt, an diesem Punkt hätten die Schloss-Befürworter gleich am Anfang der Debatte »geschummelt«. Gut möglich, dass es ohne diesen Satz, der einer Bewegung, die das Schloss als unbedingtes Ziel hatte, als eine Art Zünderenergie diente, dieses Schloss in dieser Form heute nicht geben würde. Dann wäre die Basis des wiedererrichteten Hohenzollern-Schlosses eine Evidenzbehauptung im Dienst einer höheren Idee: eine falsche Behauptung im Dienst einer Rückkehr zu Preußen als Aufbegehren gegen den als tiefen Verlust empfundenen *Abschied von Preußen*.

Siedler führt seine These aus: »Berlin aber war das alte Stadtschloß ›Unter den Linden‹, das eigentlich älter ist als die Stadt selber. (...) Das Berliner Schloß (...) ist nicht nur genauso alt wie das Geschlecht, das darin residierte, sondern es ist so alt wie das alte Brandenburg und das junge Preußen. Es hat eine ganz andere Bedeutung für Berlin als die Schlösser Englands, Italiens und Frankreichs für ihre Hauptstädte. Überall war die Stadt vor dem Schloß da; in Berlin gab es das Schloß, und dann erst kam die Stadt.«

Will sagen: Das Schloss muss wieder erstehen, wenn Berlin, wir befinden uns im Jahr eins nach der Vereinigung, ein Chance bekommen soll, irgendwann wieder wirklich eine Stadt zu werden. Das ist eine extrem starke These, aber am Ende reine Rhetorik, als Behauptung kühn und fordernd in ihrer Rückwärtsgewandtheit, erklärt sie doch den Anspruch der Stadt an sich selbst für die Zukunft ausschließlich aus ihrer Vergangenheit. Das ist als Behauptung gerade im Fall der Stadt Berlin, die so lange jung gewesen ist und sich immer wieder neu erfinden musste, mindestens problematisch. Von dieser Behauptung abgeleitet (rhetorisch auf sie hingeführt) ist das städtebauliche Argument der Schlossbefürworterinnen und -befürworter, das seit 1991 nicht aus der Berliner Innenstadt wegzudenken ist:

»Auf was werden die ›Linden‹ zulaufen, wenn der ›Palast der Republik‹ über kurz oder lang entfernt werden wird? Denn der Abriß ist unvermeidlich, nicht etwa weil er ein Symbol des zerbrochenen Staates gewesen wäre und nicht einmal, weil seine architektonische Mediokrität alles beschädigt, was in seiner Nähe steht. Zumindest ebenso wichtig ist, daß diese sozialistische Mehrzweckhalle am falschen Ort mit falschem Winkel steht und ihr Volumen nicht ausreicht, Knobelsdorffs Oper, Nerings Zeughaus, Boumanns Universität und Schinkels Museum aneinander zu binden.«

So lautet Wolf Jobst Siedlers ästhetisch begründeter evidenzbehauptungsbasierter Abrissbefehl für den *Palast der Republik* in der ersten Fassung seines Schloss-Textes. Am Ende der erweiterten Fassung kehrt Siedler zum Fanfarenstoß seiner Eingangsthese zurück und verfügt: »So wird man mit Melancholie, denn das Gewesene ist unwiederbringlich, an den Aufbau des Schlosses gehen müssen. Keine Wiederherstellung wird das von einer Handvoll deutscher Quislinge des Sowjetimperiums Vernichtete wiedergewinnen können. Man kann nur eine Kopie zustande bringen, wie man das vor einigen Jahrzehnten mit dem Kronprinzenpalais bewerkstelligte. Warum soll man bestreiten, daß eine Replik des Stadtschlosses unter denkmalpflegerischen Gesichtspunkten ein Falsifikat wäre? Das Original läßt sich niemals wieder gewinnen, und wenn man tausend Einzelteile findet, die man in den Neubau einfügt. Aber es gibt keine andere Möglichkeit, die Stadt als Stadt zu retten, und deshalb wird man nicht triumphierend, sondern resignierend das Verlorene mit Abschiedsschmerz wiederherstellen müssen.«

Siedlers vom Odeur der Melancholie durchzogenem Resümee haftet immerhin ein gewisser Skrupel an. Beides, Melancholie und Skrupel, haben seine Nachfolger im Geiste im Siegestaumel der Überlegenheit zunehmend vermissen lassen. Sie haben lediglich die affirmativen Sätze des Textes exekutiert, ohne die Bürde zu reflektieren, die bei Siedler damit verbunden ist. Dadurch ist die Manifestation Schloss-Neubau immer unreflektiert konservativer geworden, statt auf der Grundlage einiger Gedanken, die schon Wolf Jobst Siedler 1991 einem solchen Projekt mit auf den Weg gegeben hat, weiterzudenken, zu entwickeln, für eine kreative, zukunftsträchtige, wenigstens zeitgemäße Lösung fruchtbar zu machen.

Tatsächlich halten die Behauptungen von damals im Rückblick nicht stand, auch nicht angesichts des fertiggestellten Baus. Und Wolf Jobst Siedlers Evidenzbehauptung hat an Überzeugungskraft nicht nur nicht gewonnen, sondern verloren. Dennoch haben sich Stadt und Staat entschieden, diese von Siedler so bezeichnete einzige »Möglichkeit, die Stadt als Stadt zu retten« zu wählen. Damit muss die so gerettete Stadt jetzt erst einmal leben.

Ein weiteres Argument verdient Betrachtung, das von Schloss-Befürworterinnen und -Befürwortern von Siedler 1991 bis Thierse 2020 (siehe oben) immer wieder angeführt wird: der Verweis auf andere Städte und ihre Wiederaufbauprojekte: »Berlin wird nicht darum herumkommen, genauso das Verlorene wiederherzustellen, wie das Ypern mit seinem historischen Zentrum und den Tuchmacherhallen tat, die bei den Kämpfen im Ersten Weltkrieg bis auf die Grundmauern zerstört worden waren. Nach langen Debatten entschloß man sich in Belgien, sie aus dem Nichts neu zu erfinden. Wenige Jahre nach dem Krieg wurden sie nicht denkmalpflegerisch restauriert, sondern neu errichtet, was niemand weiß, der heute durch diese herrliche belgische Handelsstadt geht. Fünfundzwanzig Millionen Besucher sollen seitdem das Tuchmacherviertel besucht und wohl auch bewundert haben, und wie die Stadt freimütig einräumt, weiß niemand von den Reisenden, daß man im Grunde nur ein ›Imitat‹ bewundert, etwas nachgemachtes Altes.«

Der Punkt geht an Siedler, allerdings verbunden mit der Frage, ob bei derartigen Rekonstruktions-Entscheidungen nicht auch die Frage eine Rolle spielen sollte, welche Bedeutung, welche Funktion, welche Ausstrahlung, welchen Charakter und welche Symbolik ein wiederaufzubauendes Haus hatte, bevor es, aus welchen Gründen auch immer, verschwand. Und da sind die Tuchmacherhallen als architektonischer Ausdruck eines frühbürgerlichen wirtschaftlichen Aufschwungs und des städtischen Aufbruchs in eine ökonomisch prosperierende Zukunft für eine damals moderne Gesellschaft dann doch etwas anderes als der monumentale Zentralbau eines König- und Kaisertums von Gottes Gnaden mit all den damit verbundenen architektonisch-rhetorischen Einschüchterungsmechanismen, auch wenn sie noch so kunstvoll verbrämt sein mögen.

Mit der energischen Reprise: »Die Baugeschichte Europas ist eine Geschichte von Falsifikaten. Die Weisheit der Warner weiß nichts von ihrer Ahnungslosigkeit« zeigt Siedler noch einmal, dass er bei seinen Beschreibungen gezielt nur die vermeintlich technische Seite des Wiederaufbaus verfolgt, wodurch er der ideologischen Entfaltung eines Gebäudes freien Lauf lässt als etwas, was nicht in seinen Zuständigkeitsbereich als Advokat der Rekonstruktion fällt. Um die Ideologie des Baus, die Botschaft eines Barockschlosses und der historisch umstrittenen Dynastie und einer besonders umstrittenen Figur wie Kaiser Wilhelm II. aber ging es den Warnern, vielleicht nicht ganz so »ahnungslos« wie Siedler sie darstellt, zumal sie sich in der Regel sehr wohl bewusst waren, dass viele Gebäude in unmittelbarer Umgebung des damals verschwundenen, jetzt wieder auferstandenen Schlosses nur unwesentlich originaler sind.

Was bedeutet das für unsere Wahrnehmung von Stadt, von Geschichte? Architektur ist jeweils Stein gewordene Gegenwart. Gebäude der Vergangenheit vermitteln den Geist, die Bedürfnisse und die Vorstellungen einer Epoche. Die Gebäude unserer Gegenwart vermitteln den Geist unserer Zeit, unsere Bedürfnisse, unsere Erwartung an künftige Generationen. Was für ein Bild von Geschichte und gleichzeitig was für ein Bild der Gegenwart vermittelt die Hohenzollern-Fassade vor dem Humboldt Forum? Und was für ein Bild hätte sie eigentlich vermitteln sollen? Den von Siedler geforderten städtebaulichen Abschluss der Straße *Unter den Linden* hätte jedes Gebäude in der Kubatur, respektive der »Stereometrie« des alten Schlosses geliefert, sogar – wie wäre es denn damit gewesen: ein Glaskasten, innerhalb dessen man dann allmählich die Innenräume des Hohenzollern-Schlosses detailgetreu hätte wiederherstellen können.

Doch die neunziger Jahre des 20. Jahrhunderts waren, zumindest nach Wolf Jobst Siedlers Verdikt, eine Zeit, die ihrer Nachwelt nicht viel mitzuteilen hatte – oder dazu nicht in der Lage war: »Es geht um etwas ganz anderes – nämlich, ob man den Architekten unserer Tage zutraut, in einem so sensiblen Zusammenhang, wie es die Mitte des klassischen Berlin ist, mit zeitgenössischen Mitteln die kahlen Flächen zu füllen, die der Abriß des Stadtschlosses, des Kommandantenhauses und der Bauakademie hinterlassen hat. (...) Die Moderne, die in Deutschland mit Peter Behrens und dem wahrscheinlich größeren Alfred Messel begann und dann mit Gropius und Mies van der Rohe ihren Höhepunkt erlebte, um mit Poelzig, Häring, Mendelsohn, Taut und Luckhardt eine ganze Welt bleibend zu prägen, hat einen solchen Ausbruch von Genie erlebt, daß Persius und Stüler Mühe haben, daneben zu bestehen. Aber nirgendwo ist es dieser Generation gelungen, die Mitte einer Stadt zu formen. Vielleicht, weil eine Epoche intakter Städte das von ihr nicht verlangte und ihr auch nicht die Chance zu Eigenem gab.«

Ein Filmhistoriker hat einmal beobachtet, dass Intellektuelle in europäischen Nachkriegs-Filmen der fünfziger und sechziger Jahre meistens in Neubauten wohnen, in Häusern oder Wohnungen also, die die eigene Zeit repräsentieren. Man denke etwa an Jean-Luc Godards *Le mépris, Die Verachtung* von 1963: Während des Trailers, der online aufrufbar ist, sind fast durchgehend zeitgenössische Neubauten und Interieurs ins Bild gerückt. Seit den achtziger Jahren werden Intellektuelle in Filmen dagegen fast immer in Altbauten gezeigt, in Wohnungen aus einer Vergangenheit, in der sie sich eher zu Hause zu fühlen scheinen als in den Gebäuden, die von ihren Zeitgenossen für sie gemacht sein sollten. Es heißt übrigens, dass viele Architektinnen und Architekten unserer Tage auch lieber in umgebauten Altbauwohnungen leben als in den Häusern, die sie der Nachwelt hinterlassen werden. Sollte also Wolf Jobst Siedler doch recht gehabt haben mit seinem Verdikt, dass zeitgenössische Architektur Ende des 20. Jahrhunderts nicht in der Lage gewesen ist, große städtebauliche Aufgaben zu lösen und große Stadträume zu füllen?

Der Publizist Dieter Hildebrandt hat zu einem Zeitpunkt, den Kritiker damals mit Bedauern als »zu spät« bezeichnet haben, nämlich nach der politischen Entscheidung für ein Humboldt Forum mit Hohenzollern-Fassade, ein polemisches, aber gut recherchiertes Buch über das Berliner Schloss und seine Bewohnerinnen und Bewohner geschrieben. Hildebrandts Ziel, das es durchaus erreicht, ist es zu zeigen, dass diesen Bau eigentlich niemand je so richtig haben wollte. Es ist ein Buch, das nicht in Berlin geschrieben werden konnte, sondern nur weit weg im bundesdeutschen Westen, das folgerichtig auch nicht in Berlin verlegt worden ist, sondern in München. Hildebrandt nannte es *Das Berliner Schloss. Deutschlands leere Mitte.* Er kommt darin zu dem harschen Schluss: »Und so steht dem Pathos der Heim-ins-Schloss-Bewegung der Berliner Republik die Schloss-Flucht der meisten früheren Bewohner geradezu sarkastisch entgegen. Das Gemäuer, das sich unsere Zeitgenossenschaft so höflingshaft zurückwünscht, war vielen von denen, die darin hatten hausen oder herrschen sollen, ein Ärgernis, dem sie in andere Quartiere, in neuerbaute oder -erworbene Schlösser zu entkommen suchten. Ob Friedrich Wilhelm I., ob Friedrich der Große, ob Friedrich Wilhelm III. oder gar König und Kaiser Wilhelm I. – sie alle suchten früh, manche zeitlebens, das Weite, ob in Charlottenburg oder Potsdam, in Köpenick oder Königswusterhausen oder auch nur nebenan, auf der Straße Unter den Linden.«

Hildebrandt untermauert seine Beobachtung mit einer Einschätzung des Historikers Wolfgang Neugebauer: »Denn wenn es auch richtig ist, daß mit Ausnahme von Friedrich Wilhelm III. und Wilhelm I. alle regierenden brandenburgischen bzw. brandenburgisch-preußischen Hohenzollern seit der Mitte des 15. Jahrhunderts im Schloß gewohnt haben, so ist damit noch nicht allzu viel gesagt.« Schließlich, fährt Neugebauer fort, »berücksichtigt diese Aussage nicht, ob Monarchen, die im Schloß eine Wohnung besaßen, dort ihren eigentlichen wirkungs- und Lebensmittelpunkt hatten. Dies ist in entscheidenden Jahrzehnten des 18. und 19. Jahrhunderts gerade nicht der Fall gewesen.«

Auch Horst Bredekamp bestätigt: »Erst mit der Reichseinigung im Jahr 1871 und der Thronbesteigung Kaiser Wilhelms II. nahm das Schloss im Gegenzug schließlich jene Funktion an, die ihm aus späterer Perspektive in Verkennung seiner bis dahin geprägten Bestimmung für seine gesamte Geschichte zugeschrieben wurde. Als zentraler Ort des Herrscherhauses der Hohenzollern wurde es zum Symbol ihrer unheilvollen Herrschaft.«

Dieter Hildebrandt geht aber noch weiter in seiner Denunziation des Berliner Schlosses als Inkarnation von symbolischen Botschaften, die einen Wiederaufbau geradezu absurd erscheinen lassen könnten: »Es wurde, an der Schwelle des 20. Jahrhunderts, zu einem Kokon der Kriecherei, zu einem Hort der Unwahrhaftigkeit, zu einer Fassade für ein Gespinst aus Lüge, Feigheit, vertuschten Skandalen, niedrigen und erniedrigten Gesinnungen.«

Als Zeugin führt Hildebrandt unter anderem Hildegard Freifrau von Spitzemberg an, die notierte: »Was mir so sehr betrübend ist, ist die Gesinnung des Kaisers (...): Nicht von seinem legalen, verantwortlichen Dienern will er beraten sein, sondern als ›Pfiffikus Schmärrle‹, als Tyrann, hofft er, von Kreaturen, die ihm ihre unverdiente Stellung verdanken, besser bedient zu werden, sät Neid, Hass, Misstrauen, knechtische Gesinnung unter seinen höchsten Beamten aus und öffnet dadurch der Gemeinheit in jeder Form die Tür.«

Den Umgang dieses Kaisers Wilhelm II. (»Ich kenne keine Verfassung, ich kenne nur das, was ich will!«) mit Stadt und Schloss resümiert Dieter Hildebrandt wie folgt: »Er begnügte sich nicht mit dem sichtbaren, luxuriösen Residieren, er wollte auch mit imperialen Gesten dem barocken Karree eine neue Orientierung inmitten der Stadt, eine Anpassung an den gewachsenen Verkehr und größere gesellschaftliche Empfangsmöglichkeiten geben. Das Schloss war für ihn gewissermaßen der Ankerbaukasten, an dem er seine Herrschaftsgelüste, seine Großmachtpläne und seinen Durchsetzungswillen im Modell erproben konnte. Hier konnte er zumindest den Berlinern zeigen, dass mit ihm eine neue Zeit angebrochen war und die Hohenzollerndynastie im konkreten Sinn ausbaufähig war.«

Wolf Jobst Siedlers publizistisches Manifest für einen Wiederaufbau des Berliner Schlosses von 1991 und Dieter

Hildebrandts publizistisches Projekt von 2011, ebendieses Schloss als zu fliehenden Unort zu desavouieren (»Das Schloss und seine Fluchten« ist das Einleitungskapitel doppeldeutig überschrieben) und damit die Frage nach dem Sinn, dem Zweck, vor allem aber der Botschaft eines Wiederaufbaus zu stellen, stehen für die Parteien, die sich im Streit um die Bebauung des Berliner Schlossplatzes herausgebildet haben – ein ungelöster Streit, den die Hohenzollern-Fassade im Berliner Stadtbild denkmalhaft repräsentiert.

Noch ein Palast

Dieter Hildebrandts Buch trägt den Untertitel *Deutschlands leere Mitte*. In der Einleitung heißt es:

»Die Frage ›Schloss oder Nicht-Schloss?‹ war aber nicht allein entscheidend. Die Debatte ging vor allem um ein weites Feld, das keine Metapher war, sondern mitten in der Hauptstadt lag. Um eine Brache, über die der scharfe Wind eines mehrfach verhunzten deutschen Schicksals, einer katastrophalen Selbstzerstörung der Nation, wehte. (...) Dabei war der Platz zwischen den beiden Spreearmen zunächst ja gar nicht leer, sondern mit dem Glaskasten des ›Palastes der Republik‹ halbwegs besetzt und dem *Namen* nach doch ziemlich genau das, was sich das vereinte Land an dieser Stelle bestenfalls wünschen konnte: einen Bau als Monument der Demokratie, begehbares Einheitsdenkmal, Gravitationszentrum fürs republikanische Bewusstsein.«

In einem Beitrag des DDR-Fernsehens vom 25. April 1976 hieß es stolz: »Das Volk strömt, um sein Haus in Besitz zu nehmen. 100 000 Menschen besuchen den Palast der Republik am ersten Wochenende. Das Teuerste vom Feinsten, pünktlich fertig nach nicht einmal drei Jahren Bauzeit. Kosten: 750 Millionen DDR-Mark. Ein realsozialistischer Prunkbau auf dem ehemaligen Schlossplatz.«

Im Rückblick auf die Debatten der frühen neunziger Jahre wird oft der Eindruck erweckt, als sei es die bald nach der Vereinigung festgestellte Asbest-Belastung des Gebäudes gewesen, die zum Abriss des *Palasts der Republik* führte. Aber Siedlers ästhetische Argumentation für diesen Abriss erinnert in aller Deutlichkeit daran, dass es nicht der physikalisch toxische Asbest-Befund war, sondern die ideologisch toxische Erinnerung an die DDR, allenfalls verbrämt als Ablehnung der mit ihr assoziierten Ästhetik, die dem *Palast der Republik* den Garaus gemacht hat. Das Siedler'sche »nicht etwa weil er ein Symbol des zerbrochenen Staates gewesen wäre und nicht einmal, weil seine architektonische Mediokrität alles beschädigt, was in seiner Nähe steht« erinnert ein wenig an Freuds berühmten Aufsatz über die Verneinung, in dem es heißt, dass Verdrängende das, was sie beschäftigt, bisweilen im Modus der Verneinung präsentieren.

Auch Gründungsintendant Horst Bredekamp bestätigt im Rückblick, dass es nicht der Asbest war, dessentwegen der *Palast der Republik* abgetragen wurde: »Nach der Wiedervereinigung Deutschlands im Jahr 1990 stand der Palast der Republik ebenso in der Diskussion wie das alte Berliner Schloss nach 1945. Als der Beschluss fiel, den Palast der Republik abzureißen, wurde als Grund ausgegeben, dass die Asbest-Verseuchung so hoch gewesen sei, dass ein Weiterbetrieb nicht möglich gewesen wäre, so dass eine Sanierung teurer kommen würde als ein Abriss. Mit dieser Begründung, aufgrund derer eine größere Zahl von Gebäuden hätte abgerissen werden müssen, wie zum Beispiel das Kongresszentrum in Westberlin, wurde der Anschein einer politischen Entscheidung zumindest rhetorisch vermieden. Tatsächlich aber war es offenkundig die nachhaltende Erschütterung über den Abriss des Berliner Schlosses, die dazu führte, dass der Palast der Republik wie eine Art Racheakt in einem langwierigen, schmerzlichen, von großartigen Performances begleiteten Prozess abgerissen wurde.«

Im Sommer 2015 hat Manfred Prasser, einer der am Bau des *Palastes der Republik* beteiligten Architekten, *ZEIT Online* ein Interview gegeben. Er verteidigt darin seinen Palast mit der gleichen Verve, mit der die Gegner den Abriss forderten. Auf die Frage, wie das denn so sei, »wenn man als Architekt etwas Großes wie den zentralen sechseckigen Saal entworfen hat und dann reißt jemand den Bau wieder ab« antwortet Prasser:

»Für mich persönlich ist es nicht so schlimm. Für mich ist die Frage viel wichtiger, warum das wiedervereinte Deutschland eine kulturhistorische Sensation wie den Palast vernichtet hat. Der Abriss war dasselbe wie die Sprengung des Stadtschlosses durch Walter Ulbricht. Das neue Deutschland hat hier genauso politisch aggressiv auf die Vergangenheit reagiert wie der DDR-Machthaber damals.«

Wörtlich sagte Prasser ins Mikrophon, der Palast habe »politisch« weggemusst: »Weil die Bundesrepublik Deutschland sowohl die Russen als auch die Kommunisten hasst. Das ist Hass. Ulbricht hat das Schloss abgerissen, weil er den Kaiser gehasst hat. Das sind die Deutschen. Ich will mal die Deutschen schildern: Die Deutschen, wenn die Hass haben, dann lassen die ihren Hass an den Steinen aus. Also die beseitigen nicht den Geist, der ist noch da, deutsch ist deutsch, aber die Steine, die müssen weg.«

Ein interessanter Gedanke, der im Umkehrschluss die Frage aufwirft: Was sagt es über einen Staat, eine Gesellschaft, eine Zeit aus, wenn sie ganz bestimmten alten Steinen so viel Bewunderung entgegenbringen und offenbar auch Überzeugungskraft zugestehen, dass sie diese, koste es, was es wolle, unbedingt zurückhaben müssen, statt die Jahrhundert-Chance auf eine Gestaltung eines zentralen Ortes im Sinne aktueller Bedürfnisse, Möglichkeiten und Visionen zu nutzen?

Das Asbest-Argument lässt schon Manfred Prasser nicht gelten: »Das war alles Schwindel. Es gab absolut keinen einzigen fachlichen Grund für den Abriss. Asbest ist nur gefährlich, wenn er frei liegt. Man hätte das alles ummanteln können. Zu einem Bruchteil der heutigen Kosten.« Für ihn kam im Abriss-Beschluss etwas anderes zum Ausdruck: »Das war knallharter Kommunistenhass. Was die DDR gebaut hatte, musste weg.«

»Wir Deutschen sind so«, betont Prasser. Aber dieses Vorgehen ist keineswegs eine deutsche Eigenart. Enrico Brissa bemerkt in seiner Analyse des Umgangs der Gesellschaft mit Staatssymbolen *Flagge zeigen*: »Dass Staatssymbole ein unverzichtbares Element jeder Staatlichkeit sind, zeigt im Übrigen auch die uralte Strategie, sie zu zerstören, wenn man den Staat selbst zerstören oder eine Nation besiegen will.«

Manfred Prasser sprach sich in dem zitierten *ZEIT Online*-Interview nicht einmal gegen eine Schloss-Rekonstruktion aus, im Gegenteil: Hätte man ihn gewähren lassen, er hätte seinen Palast der Republik um eine teilweise Schloss-Rekonstruktion hin zur Straße *Unter den Linden* verlängert und so das Siedler'sche Argument für einen Wiederaufbau des Schlosses vollumfänglich erfüllt, ohne den Palast abzureißen und ohne eine Schloss-Rekonstruktion in der alten Kubatur vorzutäuschen, dafür sogar um eine Rekonstruktion der Innenräume weitergeführt.

Allerdings ist Prassers Phantasie einer vollständigen Schloss-Teilrekonstruktion unrealistisch. Überhaupt ist es fraglich, ob sich historische Gebäude rekonstruieren lassen, wenn sie einmal ganz verschwunden waren. Aber gerade bei diesem, dem Berliner Schloss, ist es in besonderem Maße nicht möglich. Die Gründe dafür führt Wolf Jobst Siedler in seinem Schloss-Text aus: dass nämlich die Barockfassade von Andreas Schlüter keineswegs einen homogenen, durchkonzipierten Bau abgeschlossen hat, sondern ein wie die ihn umgebende Stadt gewachsenes und gewordenes Ensemble, Ergebnis einer jahrhundertelangen Baugeschichte, die bisweilen schon schwer nachzuzeichnen, aber naturgemäß überhaupt nicht baulich zu rekonstruierten wäre.

»Wer in Preußen und Berlin über die Jahrhunderte zur Verfügung gestanden hatte, der hatte in irgendeiner Weise am Schloß mitgebaut, so daß daraus am Ende so etwas wie ein Architekturmuseum geworden war, an dem sich die verschiedenen Schichten der Bau- und Stilgeschichte Preußens ablesen ließen.«

Statt diese Feststellung zum Anlass zu nehmen, den nächstliegenden Entschluss zu fassen, den nämlich, von der Idee des Wiedererstehens des verschwundenen Schlosses Abstand zu nehmen, wurde sie zum willkommenen Vorwand, sich ganz auf die Fassade zu konzentrieren und das Innere des Baus von seinem Äußeren zu trennen.

Palast-Architekt Manfred Prasser war dagegen der Meinung, »man kann keine Potemkinsche Fassade errichten und dahinter ein Stahlbeton-Skelett. Ein solches Schloss ist gesellschaftspolitisch und historisch, Entschuldigung, Scheiße. Wenn historisch, dann richtig.« Was Prasser wirklich aufbrachte, war nicht die Schloss-Rekonstruktion, sondern die damals geplante, heute errichtete Ostfassade des Entwurfs von Franco Stella: »Das ist das Schlimmste. Ein nichtssagender Riegel. Sieht so ein Schloss aus? (...) Das ist skandalös, eine Provokation. Dieser Riegel ist das Schlimmste, städtebaulich vollkommen unvertretbar. Das ist typisch Berlin. Dagegen müsste eine Kulturrevolution entstehen ...«

Tatsächlich stellt sich die Frage, warum es keinen größeren Widerstand, keinen wirklichen Protest gegen die Entscheidung für das Attrappen-Schloss gegeben hat, es muss ja nicht gleich eine Kulturrevolution sein. Und wie steht es eigentlich damit, dass danach in einer ausgesprochen langen Bauzeit zahlreiche ästhetische und implizit politische Entscheidungen rund um die Fassade(n) und ihre Bauelemente getroffen wurden, ohne dass es eine öffentliche Diskussion darüber gegeben hat? Das wären Stellschrauben gewesen, an denen man die ganz in ihrer Zeit verhafteten, wenig bis gar nicht mit Fragen der Zukunft ringenden Beschlüsse der neunziger Jahre zumindest ein wenig hätte relativieren, begleiten, korrigieren oder ergänzen können. Aber die sich hinziehenden Bauarbeiten am Zwitter aus nachgeschaffener alter Schlossfassade und neuem Museum war über einen langen Zeitraum nicht nur von Bauplanen, sondern auch von einem merkwürdigen Desinteresse umgeben. So konnte es passieren, dass die vielen kleinen nachgeordnet noch zu treffenden Entscheidungen zu Details der Fassade den einen Beschluss, diese zu kopieren, immer weiter radikalisierten. Die zwecks Errichtung des Berliner Schlosses zum Humboldt Forum eingerichtete Baustiftung hat in all ihren dem grundsätzlichen Baubeschluss nachgeordneten Entscheidungen große Diskretion walten lassen und, was bei der monströsen Größe der Dauerbaustelle nachgerade grotesk anmutet, quasi im Verborgenen gearbeitet. Man könnte polemisch anmerken: Hier wurde hinter den Gerüstplanen agiert, passend zur Blendfassade einer absolutistischen Regierungszentrale.

Humboldt Forum Ostfassade

Das drastischste Beispiel hierfür ist die vollumfängliche Rekonstruktion der Kuppel, einschließlich der goldenen Inschrift auf dem Tambour und des goldenen Kreuzes als Krönung des Wiederaufbauprojekts. Erst Letzteres hat dann doch noch eine Diskussion befeuert. Da war es aber auch für eine Infragestellung dieses letzten Bausteins, der den Geist und die Botschaft dieser Rekonstruktion noch einmal lautstark beglaubigt und unterstreicht, offenbar schon wieder zu spät gewesen. Die Entscheidung war getroffen. Und so wird es vorerst wohl so bleiben, wie es zur Eröffnung des Humboldt Forums Ende 2020 war, aller Empörung und allem Widerspruch, der sich dann doch noch einstellte, zum Trotz. Aber der Reihe nach.

Dass der *Palast der Republik* nicht das ganze Areal ausfüllte, das einst das Schloss einnahm, hätte im Rahmen einer nicht ausschließlich an der Vergangenheit interessierten Architekturdiskussion zu einer wirklich spannenden Herausforderung für eine Architektur von heute, vielleicht sogar von morgen werden können, eine Architektur, die den *Palast der Republik* der DDR (der immerhin den Sitzungssaal beherbergte, in dem der Beitritt der DDR zur Bundesrepublik beschlossen wurde – aber nicht einmal die Option einer Inszenierung dieser Trophäe vermochte die siegreichen Bundesrepublikaner, West, umzustimmen) buchstäblich in die Hauptstadt der neuen, vereinigten Bundesrepublik hätte verlängern können. Ein solches Bauwerk könnte man mit anderen Argumenten aber mit mindestens so viel Recht als an der Geschichte orientiert bezeichnen, wie es die Schlossfreundinnen und -freunde für ihr vorgeblendetes Preußen-Zitat in Anspruch nehmen.

So wie das Berliner Schloss seine Entstehungszeit(en) repräsentierte, so tat dies auch sein Nachfolgerbau, der *Palast er Republik*, den sie im Volksmund »Palazzo Prozzo« nannten. Symptomatisch, ja schon fast symbolisch war sein Ende: keine Sprengung, kein Abriss, sondern jahrelanges allmähliches Verrotten, von »Siechtum« ist in anthropomorpher Metaphorik in Rückblicken auf das Gebäude und sein allmähliches Verschwinden die Rede.

Im Februar 2016 veranstaltete die Stiftung Humboldt Forum im Berliner Schloss im Deutschen Historischen Museum ein Expertengespräch zum *Palast der Republik*, das fast schon zu einer Art architekturhistorischer Trauerarbeit geriet. (*Palast der Republik. Ein Erinnerungsort neu diskutiert*, herausgegeben von der Stiftung Humboldt Forum im Berliner Schloss, Berlin 2017.) Vordringliches Thema war auch dabei die zielgerichtete Instrumentalisierung einer Bebauung des durch die Schlosssprengung frei gewordenen Grundstücks für politische Botschaften, die Indienstnahme von Architektur und Städtebau als Medium staatlicher Propaganda.

Neben der auffälligen, auch aufdringlichen Siebziger-Jahre-Ästhetik der verspiegelten Fassade, die Zeitgenossenschaft und so etwas wie Zukunftsgewandtheit symbolisieren sollte, war es die eigenartige Doppelfunktion des *Palasts der Republik*, die ihn auszeichnete: Er war Parlamentssitz und Kulturpalast in einem. Das sollte die damalige Politik der DDR-Führung symbolisch zum Ausdruck zu bringen. Es ging, so Anke Kuhrmann beim Expertengespräch im Deutschen Historischen Museum, außerdem darum, »die internationale Anerkennung der DDR in einem repräsentativen Gebäude nach außen zu dokumentieren«.

Das Projekt erhielt seinen programmatischen Namen erst, nachdem das Politbüro auf der Basis einer Grundsatzstudie im März 1973 den Bau beschlossen hatte. Davor war lediglich vom Kongresspalast oder einem Mehrzweckgebäude die Rede gewesen. Der programmatische Name: *Palast der Republik* war die Antwort der Gegenwart auf die Vergangenheit. Der »Palast« ersetzte das Schloss, die Republik das Kaiserreich. So spiegelt der Name, der zudem an eine Berliner Tradition sogenannter »Paläste« (vom Sportpalast bis zum Zoo Palast) anknüpft, die verspiegelte Architektur, die ihre heterogenen Nutzungen ummantelt. So betrachtet, hat diese Fassade mit der des zum Humboldt Forum wiederaufgebauten Schlosses einiges gemeinsam, nur dass die DDR-Fassade in der Spiegelung die Stadt sozusagen zum Teil ihrer selbst macht, während die akkurat rekonstruierte Hohenzollern-Fassade umgekehrt ihre Botschaft in die Stadt aussendet, das Barockschloss als Sender, alle anderen sind Empfänger.

Anke Kuhrmann kommt 2016 in ihrem rückblickenden Referat zu dem Fazit: »Der Palast der Republik war ein wichtiges architektonisches Zeugnis der deutschen Geschichte des 20. Jahrhunderts. Als staatlich beauftragter Staats- und Kulturbau besaß der Palast einen herausragenden geschichtlichen Zeugniswert. spiegelte er die politischen, sozialen und kulturellen Verhältnisse in der DDR. Er wurde zu einem

Symbol der vierzigjährigen Teilung, der Wende sowie des Vereinigungsprozesses. Als der Ort, an dem die Wirtschafts-, Währungs- und Sozialunion (Mai 1990) sowie der Einigungsvertrag (August 1990) besiegelt wurden und als Tagungsort der ersten frei gewählten Volkskammer der DDR war er einer der wichtigsten symbolischen Orte der politischen Entscheidungen in der Zeit des politischen Umbruchs in der DDR.«

Daran knüpfte im Rahmen der gleichen Tagung der *ZEIT*-Journalist Heinrich Wefing an. Er wundert sich, dass das Verbindende, das der Bau repräsentierte, nämlich der Einigungsbeschluss, weitgehend in Vergessenheit geriet: »Gestritten wurde jahrelang nahezu ausschließlich über den Umgang mit dem Bauwerk selbst. So wurde der Palast in der öffentlichen Wahrnehmung nicht zum Symbol des Gemeinsamen, sondern zum Merkzeichen des Trennenden.«

Auch Wefing hebt auf die Doppelfunktion des Palasts ab, die auf eigenwillige Weise das Staatswesen repräsentierte, das ihn hervorgebracht hatte: »Seine Bedeutung bezog der Palast nicht aus seiner Architektur. Interessant ist der Palast vielmehr wegen seines merkwürdig hybriden, typologisch unscharfen Charakters. Der wohl wichtigste Neubau der DDR-Geschichte ist eine eigenwillige Kombination aus Parlamentssitz und Kongresshalle. Kurios daran ist vor allem, dass das Politische wesentlich hinter die andere, die eher populäre Funktion des Palastes zurücktrat. (...) Das ist ein ziemlich exaktes Abbild der politischen Bedeutung der Volkskammer. Sie spielte im Herrschaftssystem der DDR nur eine dekorative Rolle. Sie tagte in der Regel nur zwei- bis viermal im Jahr und verfügte faktisch über keinerlei Einfluss.« Und: »Der Palast diente von Anfang an dazu, das offizielle Selbstbild des ostdeutschen Staates zu transportieren: Modern und menschenfreundlich wollte sich die DDR darin präsentieren, international konkurrenzfähig und technologisch anspruchsvoll. Der Palast, so verkündete der Generalsekretär des ZK der SED und mächtigste Mann der DDR Erich Honecker in seiner Eröffnungsansprache, ›zeugt beeindruckend von der Leistungskraft unserer sozialistischen Gesellschaft, von unserer sozialistischen Nationalkultur, vom Sinn unserer Arbeit, die dem Wohl des Menschen dient‹. Damit war der *Palast der Republik* eine geradezu klassische Herrschaftsarchitektur, die gleichermaßen auf die Demonstration wie die Legitimation von Macht zielte.«

Hieran hätte eine spannende Diskussion um DDR-Architektur und die Frage, wie mit ihr umzugehen sei, anschließen können. Allerdings kam es anders. Heinrich Wefing: »1993 verschob sich die Debatte, die bisweilen fälschlich als reiner Ost-West-Gegensatz interpretiert wird, noch einmal entscheidend. Mit dem Vorschlag einer Bürgerinitiative, das Hohenzollernschloss wieder zu errichten, erhielt die Auseinandersetzung zahllose neue Facetten. Zu der ideologischen Konfrontation, die sich jetzt zum polemischen Widerstreit zwischen ›neo-imperialer Restauration‹ (Schloss) und ›Verklärung des gescheiterten Sozialismus‹ (Palast) radikalisierte, trat die ästhetische Diskussion über die Zulässigkeit von Rekonstruktionen und die Verdienste respektive Verbrechen der modernen Baukunst. Sie überlagerte und komplizierte rasch die politischen Gegensätze. Die Pläne, das Schloss wiederaufzubauen, fanden auch unter ostdeutschen Intellektuellen zahlreiche Fürsprecher, während viele Kritiker aus dem Westen gegen das Rekonstruktionsvorhaben polemisierten. (...) Mit dem Schloss war im öffentlichen Diskurs ein Gegenbild zum Palast aufgetaucht, eine virtuelle, aber historisch beglaubigte und optisch eindrucksvolle Alternative, die mit großem inszenatorischen Geschick präsentiert wurde. Diesen Schönheits-Wettbewerb mit den sentimentalisch verklärten Schlossprospekten aber konnte der Palast nie bestehen, umso weniger, als er über Jahre vernachlässigt wurde und dadurch zusehends unansehnlicher geriet. Schließlich verschwand der Bau, je länger er ungenutzt leer stand, immer mehr aus der allgemeinen Aufmerksamkeit. Sogar der Zorn seiner Anhänger wich einer gewissen Resignation.«

Doch in Heinrich Wefings kleiner Geschichte des *Palasts der Republik* folgt noch ein weiteres Kapitel:

»Kurioserweise war damit aber die Geschichte des Palastes noch nicht zu Ende. Im Gegenteil, er gewann, als sei er mit dem Asbest auf eigenartige Weise auch von seinen ideologischen Altlasten befreit, einen völlig neuen Charakter. Zeitweise mit dem glühenden Wort ›Zweifel‹, einer enormen Leuchtschrift des norwegischen Künstlers Lars Ø. Ramberg überschrieben, wurde der Palast als provisorische Spielstätte für kulturelle Veranstaltungen unerwartet ›hip‹. Er wurde zum prominentesten Exempel der Berliner Strategie der subversiven Zwischennutzung. Ausstellungen aktueller Kunst, Installationen und Konzerte lockten ein junges Publikum an, das meist wohl erst nach Fertigstellung des Palastes geboren worden war. Gelegentlich wurde gar behauptet, der Palast habe sich von einem Herrschaftsbau zu einem ›Monument der Skepsis‹ gewandelt. Mindestens aber wurde der Palast-Torso für eine Weile zum prominentesten Abenteuerspielplatz Berlins. Alle Versuche jedoch, diese ›Zwischennutzung‹ zu verlängern und den Palast als Ort der zeitgenössischen Kunst womöglich doch noch vor dem Abriss zu bewahren, scheiterten. Im Januar 2006 lehnte der Deutsche Bundestag einen entsprechenden Antrag mit großer Mehrheit ab. Wenige Monate später begann die endgültige Demontage der tragenden Struktur und der Fassaden. Zurück blieben, ja was? Leere. Und Erinnerungen.«

Und Erinnerungen gebären Sehnsüchte, woraus dann wieder Projekte für die Zukunft werden können. Nicht nur beim gesprengten Schloss, auch beim abgetragenen *Palast der Republik* war das irgendwann die Idee des Wiederaufbaus – ein Gedanke, der vielen ebenso maßlos, grotesk und widersinnig erscheinen mag, wie es anderen in den neunziger Jahren die Idee vom Wiederaufbau des Hohenzollern-Schlosses gewesen sein mag. Doch der Gedanke wurde nicht nur formuliert, sondern auch verfolgt. An einen Wiederaufbau am Originalstandort ist derzeit freilich nicht zu denken, der ist ja bis auf Weiteres mit der massiven Erinnerung an die Residenz der deutschen Herrscherdynastie besetzt, die für den Bau des *Palasts der Republik* gesprengt worden war.

Der Wiedergänger soll vielmehr an dem Ort entstehen, an den er wirklich gehört, und das ist der Ort, an dem die friedliche Revolution der DDR-Bevölkerung stattfand, die den Fall der Mauer (und damit auch die Realisierung der Schlosswiederaufbauträume) erst ermöglicht hatte: in Leipzig.

Parallel zum Humboldt Forum mit Hohenzollern-Fassade in Berlin sollte in Leipzig der neue *Palast der Republik* erstehen. Idealerweise sollten beide gleichzeitig eröffnet werden. Und weil es eine Idee von und für heute ist, nicht eine von und für gestern, war es ein virtuelles Projekt, zu bewundern auf der Website pdr-leipzig.de. Da heißt es:

»Herzlich willkommen auf der Informationsseite zum Wiederaufbau des Palastes der Republik in Leipzig!

Der Palast der Republik war nach seiner Asbestsanierung 2003 bis zu seinem Abriss 2006 ein einzigartiger Ort. Innen gab es nur noch wenige leere große Räume, die flexibel für Kunst und Veranstaltungen genutzt wurden. Aus dem Machtsymbol eines undemokratischen Regimes war ein offener Raum für alle geworden, der symbolisch für die kreative Auseinandersetzung mit der DDR und ihrer Geschichte stand. Dieser Ort – der Palast der Republik von 2003 bis 2006 – soll als Symbol der friedlichen Revolution, als kulturelles Zentrum für die Menschen und als Ort der lebendigen Auseinandersetzung mit der DDR wiederentstehen – auf dem Platz der friedlichen Revolution in Leipzig. (...) 2018, zehn Jahre nach Abschluss des Abrisses des Palastes der Republik in Berlin, soll mit dem Bau des PdR-Leipzig begonnen werden. 2019 wird der Palast zeitgleich mit dem Berliner

Schloss feierlich wiedereröffnet. Dann wird es beides wieder geben: Das Berliner Schloss und den Palast der Republik.«

So repräsentiert der Schloss-Standort auch ein Vierteljahrhundert Mediengeschichte: Am Anfang stand ein Text, ein Aufsatz von Wolf Jobst Siedler, die rhetorisch evident gemachte Illusion einer Rückkehr nach Preußen. Es folgte ein Trompe-l'Œil, eine Fassaden-Illusion in der im Laufe der Kunstgeschichte vielfach erprobten Täuschungsmanier, deren Botschaft sich in den Köpfen vieler festsetzte. Dann kamen Architekturmodelle und die *Palast*-Demontage, schließlich in Berlin der real existierende Bau, der die ganz große Illusion des Wiedergängertums seines Vor-Vorgängers betreibt, und das virtuelle Wiedererstehen des Zwischenzustands, des Vorgängerbaus als Illusion im Netz. Vorerst zumindest.

Am Fundament des abgetragenen Berliner *Palasts der Republik* prangte im Oktober 2008 ein Graffito, weiße Schrift auf grauem Beton: »Die DDR hat's nie gegeben«.

Ein Wettbewerb und seine Verlierer

Der internationale Architektur-Wettbewerb fand im Jahr 2006 statt und trug die Überschrift: »Wiedererrichtung des Berliner Schlosses – Bau des Humboldt-Forums«, als seien das zwei verschiedene Aufgaben. Es sind, respektive waren auch zwei verschiedene Aufgaben. Und so veranschaulicht der Wettbewerbstitel, dass auch der Nachfolgebau des *Palasts der Republik* als Staatsarchitektur unter der Bürde eines strukturellen Doppelcharakters zu leiden hat, wie er auch in der Wikipedia-Formulierung des »zum Schloss wiederaufgebauten Humboldt Forums« zum Ausdruck kommt. Auch hier prägt ein »merkwürdig hybrider, typologisch unscharfer Charakter« den Neubau, wie es Heinrich Wefing mit Blick auf den *Palast der Republik* formuliert hat. Zum Zeitpunkt der Eröffnung des Humboldt Forums im Dezember 2020, aufgrund der Corona-Pandemie zunächst nur teilweise und nur virtuell, war die Spannung keineswegs aufgehoben. Von einer »Wiedererrichtung« eines Schlosses kann beim »Bau eines Humboldt-Forums« ja nicht die Rede sein. Hier setzt sich das Projekt der großen Illusion in einer Art Selbstbetrug fort: Denen, die das Stadtbild in ihrem Sinn »repariert« sehen wollen, genügt die Blendfassade, um den Erfolg der

»Wiedererrichtung« für sich zu reklamieren. Denen, die sich daran stören könnten, und denen, denen es wichtig ist, dass an diesem zentralen Ort ein öffentliches Gebäude entsteht, das der Gesellschaft wirklich dient, das gebraucht wird und unsere Zeit repräsentiert, bleibt ja immer noch der »Bau des Humboldt Forums«. Dass dieser Kompromiss, dass diese Verbindung einleuchtend aufgehen wird, ist auch eine große Illusion.

Einstimmig befand das Preisgericht nach zweitägiger Beratung, an der Kulturstaatsminister Bernd Neumann als Sachpreisrichter teilgenommen hatte, der Entwurf des Architekten Franco Stella aus Vicenza würde »in optimaler Weise dem Beschluss des Deutschen Bundestages gerecht, der die Wiedererrichtung der barocken Fassaden der Nord-, West- und Südseite sowie von drei Fassaden innerhalb des Schlüterhofes und eine Rekonstruktion der historischen Kuppel vorsieht«.

Letzteres war so eindeutig nicht. Zunächst hatte der Bundestag die Rekonstruktion der Fassade und die Herstellung der Kubatur des Schlosses beschlossen, die Kuppel war allenfalls Option. In der Ausschreibung des internationalen Wettbewerbs spielte die Kuppel entsprechend eine untergeordnete Rolle. Dennoch sind jene der 30 eingereichten Entwürfe, die auf die Wiederherstellung der Kuppel verzichteten, allesamt in der ersten Entscheidungsrunde ausgeschieden. Während ein Verzicht auf die Kuppel meist inhaltlich begründet wurde, stellte der unbedingte Wille zur Kuppel die konsequente Fortsetzung der illusionistischen

Reparaturstrategie der Schloss-Befürworterinnen und -Befürworter dar. Die hatten ihr Ziel erreicht. Wie der nun beschlossene kuppelgekrönte Bau zu nutzen sei, war zu diesem Zeitpunkt immer noch nicht klar. Staatsminister Neumann kommentierte damals: »Die Einstimmigkeit der Preisrichter spricht für die Stärke des Siegerentwurfs und bildet eine gute Ausgangslage für die rasche Umsetzung dieses größten Kulturbaus des 21. Jahrhunderts in Deutschland. Berlins historische Mitte erhält ein architektonisches Glanzstück zurück. Nun ist es an uns, mit der zügigen Realisierung zu beginnen. Neben der baulichen Ausgestaltung des Entwurfs muss nun die Konkretisierung der kulturellen Inhalte des Humboldt-Forums voranschreiten.«

Bei denjenigen, die nicht so begeistert von der Fassadenillusion sind, die vielmehr von der Funktion, dem Inhalt und der Ausstrahlung eines Gebäudeentwurfs ausgehen wollten und das bestmögliche Gebäude an dieser Stelle für die Zukunft einer wiedervereinigten, hoffnungsvollen Stadt in einem hoffnungsvoll vereinten Deutschland gewünscht hätten, kommt durchaus Wehmut auf, wenn sie sich an die große Zahl von Vorschlägen erinnern, die damals gemacht wurden.

Vor allem einer der unterlegenen Wettbewerbs-Beiträge muss hier erwähnt werden. Er galt Fachjurorinnen und Fachjuroren als der wahre Favorit der Auslobung, was sich auch an den von der Jury vergebenen Preisen ablesen lässt: Ein zweiter Preis wurde nicht vergeben, dafür ein mit 60 000 Euro hoch dotierter Sonderpreis, der dem Entwurf der Berliner Büros Kuehn und Malvezzi zugesprochen wurde.

In der *ZEIT* vom 23.12.2008 klagte der Architekt Arno Lederer, seines Zeichens Mitglied der Wettbewerbs-Jury, unter der Überschrift »Geben Sie Gedankenfreiheit!«, der beste Entwurf, eben der von Kuehn Malvezzi, sei verhindert worden. Es sei »der heimliche Sieger des Wettbewerbs«. Lederer forderte, das Wettbewerbsergebnis müsse noch einmal überdacht werden. Schließlich sei der Kuehn-Malvezzi-Entwurf dem von Franco Stella klar überlegen: »Alles, wirklich alles, was das Programm fordert, ist nicht nur korrekt abgearbeitet, sondern bietet auch eine ganz eigene, frische und unerwartete Antwort.«

Aber es fehlte die Kuppel.

Dass der Entwurf von Kuehn Malvezzi am Ende dennoch nur einen Sonderpreis bekam, habe »vor allem an der Angst vor juristischen Streitigkeiten« gelegen, schrieb Juror Arno Lederer. »Kuehn Malvezzi sind an jenen Rechthabern gescheitert, die im Schwäbischen Düpfelesscheißer heißen und die sofort Klage erheben, wenn ein Konkurrent sich dadurch Vorteile verschafft, dass er die Aufgabe mit einem gewissen Eigenwillen löst.« Der Entwurf hatte keine klassische, sondern eine hängende Kuppel vorgesehen. »Das war offenbar zuviel der Freiheit«, so Arno Lederer damals in der *ZEIT*.

Die Architekten selbst charakterisierten ihr Projekt wie folgt: »Leitidee des Entwurfs ist ein erweiterter Begriff der Agora. Eine Raumfolge, die Außen- und Innenräume integriert, verbindet das Humboldt-Forum fließend mit der Stadt. Der überkuppelte Eosanderhof ist öffentlicher Empfangsraum. Dieser Entwurf sieht die Vollendung der Schlossfassaden in drei Phasen vor: Ziegelmauerwerk, Portale und schließlich alle Elemente der historischen Fassaden. (...) Die Rekonstruktion des historischen Stadtraums zwischen Zeughaus, Altem Museum, Neuer Kommandantur, Dom und Stadtschloss erfolgt durch die Wiederherstellung der Kubatur des einstigen Stadtschlosses. Der Baukörper wird zunächst als unverputzter Ziegelbau errichtet. Die Fassadengliederung des Ziegelbaus bildet dabei ein genaues stereometrisches Modell des Schlosses nach. Die Gestaltung folgt dem Prinzip des ›fertigen Rohbaus‹, wie es bei Albertis Kirche St. Andrea in Mantua und den Seitenfassaden von Schinkels Neuer Wache zu finden ist.

In einer zweiten Phase kann mit der partiellen Applikation von Fassadenornamenten begonnen werden. Mit der Verkleidung der Portale und Balustraden sowie dem Portikus im Schlüterhof wird ein weiterer zusammenhängender Bauabschnitt geschaffen. In einer letzten Phase ist es möglich, sämtliche Fassaden nach der historischen Vorlage zu verkleiden. Durch den strukturellen Zusammenhang der Fassadenelemente in jeder Bauphase kann dieser Bauabschnitt zeitversetzt erfolgen.«

In einem Kommentar von Andreas Kilb in der *Frankfurter Allgemeinen Zeitung* wird deutlich, auf welche Weise Kuehn und Malvezzi das Spiel mit der großen Illusion einer Pseudo-Schloss-Rekonstruktion weitergedacht und interpretiert haben, auch in der Auseinandersetzung mit einer Rekonstruktion der Kuppel:

Wettbewerbsentwurf Schloss von Kuehn Malvezzi

»Es sei denn, man lässt die Kuppel weg. Dazu haben sich die drei Architekten des Berliner Büros Kuehn Malvezzi entschlossen, deren mit einem Sonderpreis ausgezeichneter Entwurf der heimliche Zweite dieses Wettbewerbs ist. Indem sie den Westflügel des Schlosses als reinen Kulissenraum ohne Innenausbau gestalten und mit einem beleuchteten Flachdach aus Glas und Weißmetall krönen, schaffen sie ein von allen Seiten begehbares Atrium, das zu den spiralförmig angelegten Museumsbauten des Humboldt-Forums führt. Auch bei der Schlosshülle schwimmen Kuehn Malvezzi gegen den Strom: Statt aus Faserbeton mit Sandstein-Effekten wollen sie die Fassade im Geist des barocken Palazzo Carignano in Turin zunächst vollständig aus roten Ziegeln bauen, denen erst in einem langen Ergänzungsprozess die einzelnen Sandsteinornamente aufgesetzt werden.«

Andreas Kilb kommentiert: »Beides, die provisorische Gestalt der Fassade wie die unkonventionelle Deutung des Eosanderhofs, verstößt ebenso eklatant gegen den Text der Ausschreibung, wie es umgekehrt als bauliche Form für ein Museum der Weltkulturen sofort einleuchtet. Wenn das Preußentum des neuen Schlosses nur Kulisse ist, warum soll man es nicht als solche behandeln? Kuehn Malvezzi legen mit ihrem in sich schlüssigen Vorschlag den Finger in die offene Wunde des Schlossprojekts, die auch durch Franco Stella nicht geschlossen wird – den tiefen Widerspruch zwischen seiner politisch gewünschten Gestalt und der Nutzung, für die es vorgesehen ist.« (*Frankfurter Allgemeine Zeitung*, 4.12.2008)

Die ausführliche Diskussion, die dieser vielfältige Perspektiven neu eröffnende Entwurf verdient gehabt hätte, unterblieb. Schließlich hätte sie all die Schwächen des trotz dieser dynamischen Alternative einstimmig gekürten Wettbewerbssiegers damals schon offengelegt, mit denen die Stadt nun wird leben müssen. Dazu gehört – ob gewollt oder nicht – die rückwärtsgewandt wirkende Statik, ideologisch wie formal.

Architekt Wilfried Kuehn vom Büro Kuehn Malvezzi sagte damals in einem Zeitungsinterview zur Debatte ums Schloss:

»Es geht um unser aller Geschichtsbild und damit ist das Humboldtforum ein Selbstporträt der Berliner Republik innerhalb der Weltöffentlichkeit. Diese Republik hat ein Schlossbedürfnis. Hat sie aber deshalb einen Schlossbedarf? Die Debatte zeigt, dass wir uns mit dem Thema der Rekonstruktion auseinandersetzen müssen, ohne dem Konservatismus zu verfallen. Dazu bietet unser Entwurf ja einen sehr konkreten Vorschlag: Er sieht die Rekonstruktion in Phasen vor und macht sie als Akt der Darstellung sichtbar, sie wird zum Display. Man könnte sagen: Wir bauen die Fassaden als Architekturmodell im Maßstab 1:1.«

Und Wilfried Kuehn fügte hinzu:

»Unser Entwurf ließe von Boddien alle Möglichkeiten, durch Sammeln der nötigen Spendengelder mit der Zeit die Schmuckelemente wie von der Denkmalpflege gefordert kunsthandwerklich fertigen zu lassen. Dies wird Jahrzehnte dauern, während derer unsere Fassade als Sichtziegelbau perfekt dastünde und nicht als Dauerbaustelle oder Provisorium erschiene. Sie ist zu jedem Zeitpunkt fertig. Die als Relief modulierte Sichtziegelfassade ist übrigens etwas, das Sie auch als fertige Fassade in Schinkels Neuer Wache Unter den Linden ebenso sehen können wie zuvor schon bei den barocken Turiner Palästen. Und schließlich: Unser Entwurf zeigt mit der phasenweisen Fassadenkonstruktion auch auf, wie das Bauvorhaben wirtschaftlich zu bewältigen ist.« (*DIE WELT*, 22.12.2008)

Und wäre den Berlinerinnen und Berlinern und den Deutschen unterwegs die Lust an der Schlossillusion als ihrem Humboldt Forum vorgehängter Attrappe abhandengekommen, hätte man den »fertigen Rohbau« als Teil der Stadt behalten können – eine architektonische Idee, die Geschichte, Gegenwart und Zukunft Berlins in großer Offenheit, Originalität und Dynamik ohne Frage umfassender repräsentiert hätte als die sklavisch nachgeahmte Barockfassade mit der sie dominierenden, von einem goldenen Kreuz gekrönten Kuppel.

Spätestens mit dem Entwurf von Kuehn Malvezzi war das Siedler'sche Argument, zeitgenössische Architektur sei schlicht nicht in der Lage, eine von einem solchen Ort und seiner Geschichte an sie gestellte Aufgabe zu meistern, widerlegt. Aber es war keineswegs die einzige Idee, die dem von Wolf Jobst Siedler als evident behaupteten Diktum entgegenstand.

Einer der radikalsten Vorschläge kam aus dem Büro von Axel Schultes und Charlotte Frank, die zum Beispiel das Bundeskanzleramt entworfen haben. 1993 warfen sie einen Stein in die sich vertiefenden Gewässer einer Debatte um die architektonische Zukunft der Berliner Stadtmitte. Es war eine frühe Intervention angesichts einer drohenden Schloss-Rekonstruktion. Den Entwurf haben Schultes und Frank mehrfach überarbeitet. Sein Kern: Der Schlüterhof des Schlosses sollte zum Lustgarten und zum Alten Museum hin geöffnet werden und so einen neuen Stadtraum schaffen. Axel Schultes schrieb dazu:

»Unser erster Gedanke damals – und bis heute –: die ›dunkle Masse des Schlosses am Ende der Linden‹ ins Räumliche wandeln, aus Masse Raum machen, den Monolithen zerschlagen, erlösen. Mit einem Arrangement der drei Fragmente, der ›Drei Schlösser‹, die Räume – und Orientierungen – finden, die Berlin mehr als irgendwo sonst zusammenhalten müssen. Die drei Plätze, so ›italienisch‹ proportioniert wie sonst nichts in Berlin, geben die Grundlage für eine städtische Dichte und Intensität, die Walter Benjamin so sehnsuchtsweckend beschwört, die er erlebt hat in den Städten des Südens.« Und: »»Ein neues Stück Stadt städtisch zu nutzen – sich nicht festlegen müssen auf alle Zeit – das macht die Qualität eines solchen Ortes aus‹ – so schrieb ich vor Jahren – und konnte nicht ahnen, dass mit dem Lehmann'schen Vorschlag zur Komplettierung der Museen auf der Insel auch die Inhalte so prächtig zueinander finden: der Grosse Schlossplatz – ein ›Platz der Kulturen der Welt‹? – spiegelt sich hinüber in den grünen Raum des Lustgartens; der Schlüterhof am neuen, südlichen Platzende spiegelt sich im Alten Museum, ist vielleicht *der* Ort für die grossen Ausstellungen. Die Kunst und die Wissenschaft, – die alte und die neue, – welch besserer Nachfolger lässt sich denken auf einer Insel, von der sich nach den bittersten Lektionen eines allzu deutschen Jahrhunderts die Politik verabschieden musste.« (zit. nach www.schlossdebatte.de)

Heinrich Wefing kommentierte den Entwurf mit den Worten: »Und tatsächlich lässt sich mit guten Gründen fragen, ob denn der spitze Winkel, in dem die Linden einst auf die Lustgartenfront des Schlosses zuliefen, das urbanistische Optimum war? Ob heute, da die Stadt ringsum sich grundstürzend verändert hat, der Solitär eines rekonstruierten Schlüter-Baus sich noch in die Umgebung einfügen würde? Und – vor allem – ob die Orientierung der Neubebauung an den Umrisslinien des alten Schlosses wirklich der städtebaulichen Weisheit letzter Schluss ist?«

Ein Kommentar von Axel Schultes und Charlotte Frank zu ihrem Projekt aus dem Jahr 2001 ist online abrufbar. Er ist von einem großen Furor getrieben. Von einem »Verbrauch von Zukunft« ist darin die Rede. Er bedient sich der Worte Lessings aus den *Briefen, die neueste Literatur betreffend*, die im Zusammenhang mit der konservativen Aufklärung und ihrem Instrument der Evidenzbehauptung bereits zitiert worden sind:

»»Niemand wird die segenstiftende Wirkung des wiedererrichteten Schlosses für das Neue Berlin bestreiten wollen; niemand wird unserer von Selbstzweifeln imprägnierten Stadtbaukunst die Kraft zutrauen, die »Mitte der Mitte« mit einem zeitgenössisch-grosszügigen, urban-festlichen Plan

Wettbewerbsbeitrag: Drei Schlösser
Urheber: Axel Schultes Charlotte Frank

zu erlösen. Ich bin dieser Niemand‹. So oder ähnlich hätte
ein Architekt Lessing eine ›Berlinische Dramaturgie‹ über
die Instinktlosigkeit seiner Landsleute in allen Fragen städtischen Raumes, in allen Problemen urbaner Dichte und Intensität beginnen lassen. Aber kein Lessing in Sicht.

Für ein Linsengericht, für nichts als eine Vedute, ein Panorama, eine Fassade, eine Illusion gibt Berlin – ohne Not –
eine Jahrhundertchance aus der Hand. Schaut man schon

immer mit Sehnsucht auf die wunderbaren Raumbildungen, Stadtbildungen des Südens, schaut man schon immer mitleidig auf die vergleichsweise kargen, ärmlichen Hervorbringungen hier in der Märkischen Streusandbüchse, schleicht sich Wehmut ein: – könnte doch wenigstens da, wo das Schloss einmal stand, der schreckliche Verlust zum Guten, ganz ausnahmsweise einmal zum Guten gewendet werden!« (zit. nach www.schlossdebatte.de)

Schultes hebt als das »Wesentliche«, die »Hauptsache« die »stadträumliche(n) Substanz der Insel« vor, um dann zu kommentieren:

»Aber genau die gilt nichts in einer Zeit, in der die Architektur nur Kunst der Erinnerung und der Täuschung sein soll, in einer Zeit, die den hilflosen Glauben an das Neue durch den genauso hilflosen Glauben an das Alte ersetzt hat. ›Gebt uns unser Schloss, unsere Liebe, unsere Illusion, gebt uns diesen Anker in der Verlorenheit einer Stadt, die nur »viele Städte« ist, – und lügt uns über den Sinn dieser Veranstaltung hinweg.‹ Gebt uns ein Phantasma von Identität – und schützt uns vor der Unfähigkeit unserer Architekten, vor den moralinsauren Bedenken der Historiker, vor der Wahrhaftigkeit vor unserer Geschichte.

Aber diese Debatte über die alte architektonische Fabulierkunst und Dekorfreude auf der Seite der Nostalgie und der im allerbesten Fall räumlichen Fülle auf der Seite der nach unten offenen Skala zeitgenössischer Baukunst: – diese Debatte ist sinnvoll nur an konkreten Alternativen zu führen. (...) Es geht um einen Platz höchster Zentralität, um die Mitte der Mitte, um den Salon der Stadt, wo Berlin sich selbst in die Anschauung bringen könnte, wo Berlin sich feiern könnte, jenseits jeder Identitätstümelei, jenseits der offensichtlich unausrottbaren Berliner Schusterhaftigkeit.« (www. schlossdebatte.de)

Um diesen »Platz höchster Zentralität« war in den neunziger Jahren heftig gestritten worden. Das per Bundestagsbeschluss gefasste Ergebnis ist heute in der Form Realität, die die Wettbewerbsjury damals, aus welchen Gründen auch immer, am überzeugendsten fand. In der Zwischenzeit gab es wenige Diskussionen zur Baustelle und zu den Optionen. Die bereits zitierten *10 Thesen der Villa Vigoni zum Humboldtforum* als Ergebnis eines Expertengesprächs brachen die Debatten weitgehend auf Fragen des Denkmalschutzes in der Stadtentwicklung und der technischen Machbarkeit herunter. Wobei auch das es mitunter in sich hat, etwa These 8, die lautet:

»Die Möglichkeit einer Rekonstruktion wichtiger Raumfolgen sollte im Grundriss und Aufriss nicht verbaut werden. An erhaltene historische Ausstattungsteile darf in diesem Zusammenhang erinnert werden.«

Mit anderen Worten: Die Rekonstruktion der Hohenzollern-Fassade soll womöglich nicht der letzte Baustein der großen Illusion gewesen sein.

These 7 der Villa Vigoni zum Humboldt Forum lautet: »Die Kuppel soll nach historischem Vorbild rekonstruiert oder zumindest für eine spätere Ausführung konstruktiv vorbereitet werden.«

Dem wurde in preußischer Gründlichkeit Folge geleistet.

Gewölbte Hohlräume

Peter Greenaways Film *Der Bauch des Architekten* aus dem Jahr 1987 ist eine Feier der Stadt Rom als Keimzelle großer Architektur und der architektonischen Figur der Kuppel als nicht nur physikalischer Höhepunkt besonders herausragender Bauten. Die ideale Verbindung von beidem – eine Art Essenz unserer Idee von Rom und zugleich die Kuppel aller Kuppeln – verkörpert das Pantheon, erbaut unter Kaiser Hadrian in den Jahren 117 bis 125, eine nach oben offene Kuppel von 43,4 Metern Durchmesser auf einer 22 Meter hohen Ringmauer. Diesem in seinen Proportionen als perfekt empfundenen »Tempel aller Götter« wird (»Gute Architektur sollte immer Beifall bekommen!«) am Anfang von Greenaways Film bei feierlichem Glockengeläut kräftig applaudiert. Die Illusionsmaschine Kino wird zur Huldigung an die Architektur der Ewigen Stadt, die – das ist der große Unterschied zwischen Kino und Architektur – eben keine Illusion ist, sondern wirklich gebaut, realisiert, die da steht, wo sie steht. Im Anspruch auf Ewigkeit (der Stadt Rom wie des Kuppelbaus Pantheon) liegt für uns als Betrachterinnen und Betrachter so etwas wie ein Gefühl von Wahrheit. Das ist erhebend, beruhigend und aufregend zugleich. Von allen Kategorien, die wir kennen, kommt die Ewigkeit der Wahrheit in Gewicht und Anspruch am nächsten. Es ist diese empfundene Wahrheit, die Greenaway, wie es seine Art als ästhetizistisch philosophierender Filmemacher ist, spielerisch zerlegt. Er tut das nicht wirklich, wie könnte er. Am Ende vollzieht sich dieser Prozess wieder einmal lediglich in der Wahrnehmung von Greenaways Protagonistinnen und Protagonisten, dann noch einmal in der Wahrnehmung seiner Zuschauerinnen und Zuschauer. Dieses Aufgehen in der Illusion ist das Wesen von Film. Es ist auch das Wesentliche, was Film von Architektur unterscheidet, eigentlich.

Immer wieder im Verlauf der letzten 500 Jahre, in der Renaissance, im Barock, im Klassizismus der Aufklärungszeit, in der Romantik, aber auch im Faschismus und in vielen Bauprojekten der Nachkriegszeit, schließlich unserer Gegenwart, hat sich die große Begeisterung für Rom architektonisch sichtbar in den deutschen Ländern Bahn gebrochen. Italien- und Rom-Zitate rangieren weit vorn im Setzkasten der europäischen Architektur. Das ging oft einher mit einer Begeisterung für Kuppelbauten.

Italien und da vor allem Rom waren auch das große Vorbild für den Ausbau der kurfürstlichen zur königlichen Residenz in Berlin nach der Selbstkrönung Friedrichs I. im Jahr 1701. Rom war aber auch Vorbild für den Ausbau Berlins zur Kaiserlichen Residenz, die mit einer explosionsartigen Entwicklung der neuen Reichshauptstadt nach 1871 einherging. Die größte aller Kuppeln, auch hier war Rom das Vorbild, hätte die *Halle des Volkes* von Hitlers *Germania* krönen sollen, in einer Achse mit dem größten aller Triumphbögen, auch das ein Römisches Modell eines architektonischen Machtgestus. Um zu testen, ob sich derlei im märkischen Sand überhaupt würde realisieren lassen, steht seit 1941 ein unsprengbarer Stahlbetonzylinder im Berliner Stadtteil Tempelhof, der sogenannte *Schwerbelastungskörper*.

Mit Kuppeln baut man Macht. Sie sind technisch aufwendig, teuer, schaffen im Innern viel nicht genutzten Raum, sorgen außen für zusätzliche Höhe eines Gebäudes, in der Reminiszenz an Rom idealerweise für Erhabenheit, auch wenn Letzteres nicht immer gelingt. In jedem Fall sind Kuppeln vor allem eines: eine Botschaft, ein Signal.

Berlin ist eine Stadt der Kuppeln. Jede von ihnen steht für das Selbstbewusstsein und den Anspruch eines Gebäudes und einer mit diesem verbundenen Institution, sei es die goldglänzende Kuppel der Synagoge in der Oranienstraße, die Kuppel des Bode-Museums, die gläserne Kuppel des Reichstagsgebäudes, die Kuppel der Hedwigs-Kathedrale, die Kuppeln des Französischen und des Deutschen Doms am Gendarmenmarkt, die unter König Friedrich II. nach dem Vorbild der Doppelkirchen auf der Piazza del Popolo in Rom errichtet wurden. Karl Scheffler verweist auf diese »herrlichen Turmbauten Gontards, die den Gendarmenmarkt zum schönsten Schmuckplatz Berlins machen und die mit ihrem romanischen Pathos den Passanten heute noch einen Augenblick vergessen lassen, wo er sich befindet«. Die Gontard'schen Kuppeln werden sowohl von dem im ersten Jahrzehnt des 20. Jahrhunderts als Erweiterungsbau des

Roten Rathauses errichteten Stadthaus als auch ein halbes Jahrhundert später am Frankfurter Tor zitiert.

Gegenüber vom Schloss, das seine Kuppel Mitte des 19. Jahrhunderts erhalten hatte, ragt seit der Wende zum 20. Jahrhundert die Kuppel des übermächtig geratenen Berliner Doms in den Himmel, wuchtigste Neo-Renaissance mit umfassendem Anspruch. Im Selbstverständnis des deutschen Kaisers, Oberhaupt der Preußischen Staatskirche, sollte es so etwas wie einen preußischen Petersdom für Protestanten darstellen. Er hätte symbolkräftig zum Jahrhundertwechsel fertig werden sollen. Aber die nicht ganz termingerechte Fertigstellung von Großbauprojekten hat in Berlin Tradition. 1905 war es dann so weit. Karl Scheffler schrieb über den Monumentalbau anlässlich seiner Fertigstellung: »Der Protestantismus hat über das religiösere philosophische Bewusstsein wieder gesiegt; aber er wird jetzt nur kalt oder puritanisch als nützlicher Staatsgedanke erfasst und je materieller, rationalistischer und ungeistiger die sich bereichernde Bevölkerung des neuen Reichs wurde, desto mehr auch wurde das Dogma nach außen als Flagge benutzt. Nur so ist der neue Dombau, wie er nun vor der dumpf staunenden Menge sich erhebt, verständlich: als eine riesenhafte Staatsreklame für einen Gedanken der Staatsdisziplin und dynastischen Machtentfaltung. Der Gottesdienst muss sich diesen äußeren Zwecken vollkommen unterordnen. Nicht einen Predigtraum brauchte man in erster Linie, nach dem einst von einer Gemeinde aufgestellten Grundsatze: ›Die Kirche soll im allgemeinen das Gepräge eines Versammlungshauses der feiernden Gemeinde, nicht dasjenige eines Gotteshauses im katholischen Sinne an sich tragen‹, sondern die Forderung ging auf einen gewaltigen Kuppelraum, mit Säulen und Statuen in Metall und Marmor, mit Bildern und Mosaiken, mit Logen für den Hof und für das seidene Hofgesinde, mit Musikemporen und Chortribünen, man wollte einen katholisch prunkenden Dom: eine Jesuitenkirche. Nicht bewusst wollte man es; aber der Instinkt hat gesprochen und so ist uns diese Reichsrenommierkirche, worin der Glanz und die Pracht und die Herrlichkeit des Kaisertums sich dem Volke überwältigend entfalten, beschert worden.«

So groß der »gewaltige Kuppelraum« des Doms auch ist, die Schlosskuppel sollte die wichtigste und die höchste der Stadt sein und bleiben. Wolf Jobst Siedler schreibt in seinem Aufsatz zum Schloss: »Beherrscht wurde es von der mächtigen Kuppel, die ihm um 1850 aufgesetzt worden war und deren ausgebranntes Gestänge noch im Ruinenzustand die Silhouette der Innenstadt bestimmte, bis zum Untergang des Staates wie der Stadt.« Da ist sie wieder, die rhetorische Einheit von Schloss und Stadt, jetzt auch noch ausgeweitet auf den Staat.

In unmittelbare und gewollte Konkurrenz zur Kuppel über dem Schloss trat die gläserne Kuppel, die der Architekt Paul Wallot 1884 für das Reichstagsgebäude vorsah. Sie sollte sogar einige Meter höher werden als die Schlosskuppel. Das wurde als Botschaft eines wachsenden Selbstbewusstseins der Volksvertretung verstanden, und war auch so gemeint. Der Kaiser sorgte dafür, dass daraus nichts wurde, die

Kuppelhöhe des Reichstags wurde gestutzt, die Schlosskuppel blieb die höchste.

Es ist mehr als ein Kuriosum, vielmehr eine offenbar allmählich in Vergessenheit geratene, aber deswegen nicht weniger bezeichnende Tatsache, dass beide Gebäuderekonstruktionen, die des beschädigten Reichstagsgebäudes und die des verschwundenen Residenzschlosses, zunächst ohne Kuppel vorgesehen waren – ein Gestus der Bescheidenheit verantwortungsvoller demokratischer Entscheidungsträgerinnen und Entscheidungsträger. Zum einen spart es Kosten, zum anderen aber, vor allem, bedeutet es den Verzicht auf den triumphalen Gestus der Überhöhung. Die Botschaft, die jede Passantin, jeder Passant sofort begriffen hätte, auch ohne die geringste Beschäftigung mit Gründen und Hintergründen, wäre die Differenz zwischen alten Abbildungen und Rekonstruktion gewesen. Das letzte Wort hätte die Gegenwart gehabt. Schließlich betonen auch die *10 Thesen der Villa Vigoni zum Humboldtforum*: »Auch eine Rekonstruktion ist ein Werk ihrer Entstehungszeit.«

Beim Realisierungswettbewerb zum Umbau des Reichstagsgebäudes als Sitz des Deutschen Bundestags wurde 1993 Sir Norman Foster mit seinem Büro Foster and Partners nicht zuletzt gerade deshalb der 1. Preis zugesprochen, weil er anstelle einer Wiederherstellung der Kuppel eine Überdachung des ganzen Gebäudes vorsah, also statt der Imitation einer historischen Silhouette eine deutlich sichtbare Brechung. Er wurde dann allerdings aufgefordert, seinen Entwurf zu überarbeiten und doch noch eine Kuppel hinzuzufügen (sie ähnelt durchaus der Kuppel des beim Wettbewerb Zweitplatzierten Santiago Calatrava). Die Kuppel über dem Reichstag war eine politische Entscheidung.

Im Fall der Schloss-Rekonstruktion war das Interesse der Politik an der Wiederherstellung der Kuppel nicht so ausgeprägt. Der Bundestagsbeschluss hielt sie für denkbar, aber keineswegs für zwingend, und sah auch deren Finanzierung nicht vor. Diejenigen jedoch, die die Schloss-Rekonstruktion unbedingt wollten, rekurrierten zwar rhetorisch vielfach auf die Barockfassade, wollten aber unbedingt auch die Kuppel als eine Art Krönung ihres Triumphs. Und darauf ein Kreuz. Koste es, was es wolle – sprich: wie konträr das auch immer zu dem stehen mochte, was sich unter dieser Kuppel und diesem Kreuz herausbilden sollte, nämlich eine moderne, diskursorientierte, weltoffene, internationale Begegnungsstätte. Die private Finanzierung war schnell gesichert. Aber was genau ist da eigentlich rekonstruiert worden? Und was bedeutet es? Am Beispiel der Kuppel, die das Projekt »zum Humboldt wiederaufgebautes Schloss« überwölbt, lohnt es sich, die Geschichte der gesamten Rekonstruktion noch einmal etwas genauer zu betrachten.

Pomp and Circumstance

Jedes Schloss hat seinen guten Geist (ob das auch für bloße Schlossfassaden gilt, wird sich noch weisen müssen). Der gute Geist jenes Schlosses, dessen Fassade an drei Außenwänden des Humboldt Forums rekonstruiert wurde, um der früheren Berliner Prachtstraße *Unter den Linden,* das zumindest war das regelmäßig angeführte Argument, wieder einen städtebaulichen Abschluss zu geben, war ohne Frage Albert Geyer (1846–1938). 1846 in Charlottenburg, westlich von Berlin, geboren, sollte seine Biographie zu einer echten deutschen, nämlich reichsdeutschen Karriere werden. Er verlegte sich mit großer Hingabe auf das Feld der Baukunst im Allgemeinen und der Staatsbaukunst im Besonderen. Und das Bauen war in einer Zeit, in der es zwar Zeitungen und Bücher gab, aber sonst wenige Medien zur Propagierung staatstragender Ideen, mit denen man breitere Schichten hätte erreichen können, zusammen mit der Kunst am Bau und der Malerei eines der wichtigsten Instrumente zur Verbreitung von Geschichten und Werten, die den Staat zum Inhalt haben. Eines der zentralen Themen dieser Art der Propaganda war in der zweiten Hälfte des 19. Jahrhunderts in Preußen die Idee von Deutschland, die noch zu vollbringende Einigung, das im preußischen Königreich besonders ausgeprägte Bedürfnis nach einem deutschen Reich, unter Führung Preußens, versteht sich.

Als Wehrpflichtiger mit höherem Schulabschluss hatte der junge Albert Geyer Dienst als Einjährig-Freiwilliger abzuleisten. In die Dienstzeit fiel der preußisch-österreichische Krieg von 1866, auch *Deutscher Krieg* genannt, der mit der Niederlage Österreichs bei Königgrätz endete und der, womit wir schon mittendrin sind in der preußisch-deutschen Propaganda jener Jahre, im Nachhinein zusammen mit dem vorangegangenen *Deutsch-Dänischen Krieg* (1864) und dem nachfolgenden *Deutsch-Französischen Krieg* (1870/71) von einer sich im Dienst der Mystifizierung der Idee des Deutschen Reichs als Erfüllung einer historischen Mission etablierenden Geschichtsschreibung unter dem Schlagwort *Einigungskriege* zusammengefasst werden sollte. Der Schweizer Historiker Jacob Burckhardt formulierte damals die Erwartung, es würde nicht mehr lang dauern, »bis die ganze Weltgeschichte von Adam an siegesdeutsch angestrichen und auf 1870/71 orientiert sein wird«. Als ob diese Kriege jeweils die Deutsche Einheit zum Gegenstand gehabt hätten. Das hatten sie nicht. Die Anlässe waren andere, allerdings nicht immer leicht nachzuvollziehen. Und das gilt nicht nur aus heutiger Sicht. Vom britischen Premier Lord Palmerston ist der Ausspruch überliefert: »Die Schleswig-Holsteinische Frage haben überhaupt nur drei Menschen verstanden: Der Prinzgemahl Albert, der ist tot. Ein deutscher Professor, der ist darüber verrückt geworden. Und ich. Aber ich habe alles vergessen.« Den Kriegsausbruch 1870 kommentierte Gustave Flaubert in einem Brief an George Sand mit dem Stoßseufzer: »Die Dummheit meiner Landsleute widert mich an, zerreißt mich (...) Das schreckliche Gemetzel, das sich vorbereitet, hat nicht einmal einen Vorwand. Es ist das Gelüst zu kämpfen, um zu kämpfen. (...) Ah! Warum kann ich nicht bei den Beduinen leben!«

Bevor wir zu Albert Geyer, der Baupolitik der Epoche und ihren gebauten Ergebnissen zurückkehren, lohnt sich ein kurzer Blick auf einen von Geyers Generationsgenossen: den Maler Anton von Werner, Jahrgang 1843. Am Beispiel seiner Karriere lässt sich gut nachvollziehen, auf welche Art und Weise die Herrschenden jener Zeit dafür sorgten, dass genau jene Bilder entstanden, von denen sie wollten, dass sie sich in den Köpfen der Beherrschten festsetzten. Werner zeichnet nicht nur für die von Kaiser Wilhelm II. persönlich streng überwachten Deckengemälde des Berliner Doms verantwortlich, er hat vor allem, wie eingangs bereits erwähnt, den deutschen Einheitsmythos, an dem viele webten, im Auftrag des gerade erst gegründeten Staates, des deutschen Reichs, im Januar 1871 nachhaltig zur Ikone verdichtet: zu dem Gemälde *Die Proklamierung des deutschen Kaiserreichs*.

Wohl jeder hat dieses Bild irgendwann schon einmal gesehen. Es gehört zum Bildgedächtnis der Deutschen, wenn es um Deutschland geht. Anton von Werner hat es in vier Fassungen hinterlassen, von denen nur eine in Bismarcks Landsitz Friedrichsruh vor den Toren Hamburgs die Zeiten überdauern sollte, die das Reich, dessen Gründung es feiert, hervorbrachte. Wie zielgerichtet und wohlkalkuliert hier das Instrument der Historienmalerei als Propaganda einer aktuellen Lage und gleichzeitig einer Historisierung und Mystifizierung des eigenen Handelns zum Einsatz gebracht worden ist, illustrieren die Umstände, unter denen das Bild entstand.

Der Maler war kriegsuntauglich, worunter er litt. Doch sollte der Krieg noch die ganz große Chance für ihn bereithalten, wenn auch nicht an der Front, sondern unter Einsatz der ihm vertrauten Waffen Farbe und Pinsel. Am 15. Januar 1871, er lief gerade mit seiner Verlobten Schlittschuh auf einem Teich im badischen Karlsruhe, erreichte Anton von Werner ein Telegramm aus dem französischen Versailles. Dort war das Hauptquartier der preußischen und der mit ihnen verbündeten Truppen eingerichtet. Die hatten in der Schlacht von Sedan am 1. und 2. September 1870 das französische Heer geschlagen und dabei, ohne das zunächst zu bemerken, sogar den französischen Kaiser gefangen genommen, der daraufhin in Paris kurzerhand abgesetzt wurde. Seitdem wurde die französische Hauptstadt belagert, um eine endgültige Entscheidung in diesem Krieg herbeizuführen.

Aus dem preußischen Hauptquartier in Versailles telegraphierte der Hofmarschall des preußischen Kronprinzen: »Geschichtsmaler v. Werner, Karlsruhe. Seine Königliche Hoheit der Kronprinz lässt Ihnen sagen, dass Sie hier Etwas Ihres Pinsels Würdiges erleben würden, wenn Sie vor dem 18. Januar hier eintreffen können. Eulenburg, Hofmarschall.«

Werner war 1862 von der Berliner Akademie an die Kunstschule in Karlsruhe gewechselt, nicht zuletzt der politischen Verhältnisse wegen, die in den deutschen Ländern sehr unterschiedlich waren. »Baden«, schrieb Werner später, »ist bei uns längst als konstitutioneller Musterstaat bekannt und gepriesen. Hier nun fühlte ich in der Tat den Hauch einer neuen Ära in dem Zusammenleben und Zusammenwirken von Fürst und Volk, die glückverheißend schien.« Und er fügte hinzu: »Der Vergleich zwischen Preußen, das als Inbegriff finsterster Reaktion galt, und Süddeutschland, dem Land der Freiheit, drängte sich überall und nicht gerade freundlich auf.«

Im Jahr 1866 kehrte Anton von Werner dennoch nach Preußen zurück. Ende 1869 erhielt er den Auftrag, die Aula der Kieler Gelehrtenschule mit Wandbildern zu dekorieren. Als Themen waren vorgegeben: *Luther* und die *Nationale Erhebung von 1813*. Damit war ein patriotischer Schub in Preußen und anderen deutschen Staaten im Zuge der sogenannten »Befreiungskriege« gegen Napoleon gemeint, wobei sich der Patriotismus vor allem aus dem erbitterten Hass gegen die Franzosen speiste. Eine deutsche Nation gab es ja noch gar nicht. Es waren solche Gemälde, die den Geist der Zeit verbreiten sollten, der den Herrschenden vorschwebte. Der Auftrag wurde zum Gefallen der Auftraggeber ausgeführt.

Nach Erhalt des Telegramms machte sich Anton von Werner gleich auf nach Versailles. Vor der Geräuschkulisse des dumpfen Geschützdonners präsentierte sich ihm eine eher prosaische Szenerie, die der Historiker Christoph Nonn so beschreibt: »Kurz vor zwölf Uhr fuhr der Kronprinz vor und ging mit seinem Adjutanten zum Schloss. Bald darauf folgte König Wilhelm im offenen, von vier Pferden gezogenen Wagen. Trotz der Hurrarufe der Soldaten hatten sogar zu Pathos neigende Betrachter den Eindruck, dass sich eine wirklich feierliche Atmosphäre nicht einstellen wollte.«

Der berühmte Spiegelsaal des Versailler Schlosses diente als Lazarett. Für diesen Tag, den 16. Januar, war er geräumt worden. Christoph Nonn: »Im Spiegelsaal wartete Anton von Werner als einer von einer Handvoll Zivilisten unter Hunderten Uniformträgern (...) Mit dem Auge des Malers taxierte (er) schon das künstlerische Potential der in den Spiegeln reflektierenden bunten Uniformen, der blitzenden Orden und Waffen und des Lichts. Allerdings tappte er immer noch völlig im Dunkeln.«

»Was kann aus diesem Gewirr ›meines Pinsels Würdiges‹ sich entwickeln?«, fragte sich der Maler und zeichnete Porträts von Anwesenden. Da rief der Kronprinz: »Helm ab zum Gebet!« Bernhard Friedrich Wilhelm Rogge, Hofprediger des preußischen Königshauses, hielt eine Predigt, über die Oberstleutnant Paul Bronsart von Schellendorff seinem Tagebuch anvertrauen sollte: »Die lange, aber ziemlich schwache Rede hat mehr den Charakter einer Hausandacht gehabt.« Und: »Der improvisierte Altar stand einer nackten Venus gegenüber, ein allerdings im Schloss von Versailles schwer zu vermeidendes Verhältnis.«

So richtig feierlich scheint es immer noch nicht geworden zu sein. Immerhin wird jetzt der Choral »Nun danket alle Gott« angestimmt. Den hatten nach der gewonnenen Schlacht bei Leuthen im Jahr 1757 im Verlauf des Siebenjährigen Krieges, mit dem König Friedrich II. Preußens Aufstieg zur Großmacht besiegelte, angeblich 25 000 preußische Soldaten angestimmt. Seither symbolisierte das Lied den preußischen Willen zum Sieg. An das, was dann folgte, erinnerte sich Anton von Werner später so: »Und nun ging in prunklosester Weise und außerordentlicher Kürze das große Ereignis vor sich, das die Errungenschaft des Krieges bedeutete: *die Proklamierung des Deutschen Kaiserreiches!* Das also war es, was der Kronprinz Friedrich Wilhelm als etwas meines Pinsels Würdiges in seinem Telegramm bezeichnet hatte! (...) Der historische Akt war vorbei: Es gab wieder ein *Deutsches Reich und einen Deutschen Kaiser!* Ich sah noch, wie der Kaiser den Kronprinzen umarmte und von den ihn umgebenden deutschen Fürsten beglückwünscht wurde. Eine beabsichtigte Defiliercour der anwesenden Offiziere missglückte.« Prinz Otto von Bayern resümierte: »Alles so kalt, so stolz, so glänzend, so prunkend und großtuerisch und herzlos und leer.«

Die erste und größte Fassung des Bildes *Die Proklamation des Deutschen Kaiserreichs* fand ihren Platz an dem Ort, der durch das auf ihr in idealisierter Weise verewigte Ereignis von einer königlichen zu einer kaiserlichen Residenz geworden war, im Weißen Saal des Berliner Schlosses. Die Tatsache, dass die Krönung ausblieb und der Proklamationsakt weit weg im feindlichen Ausland und dadurch unter weitgehendem Ausschluss einer heimischen Öffentlichkeit vollzogen worden war, machte es quasi notwendig, dass die Historienmalerei den historischen Augenblick an den Ort zitierte, an dem er nicht stattgefunden hatte. Dem Schloss gegenüber wurde ein Nationaltempel für die Kunst errichtet: die Nationalgalerie. Deutschland war ein Reich und – in den Augen vieler: endlich – eine Nation.

An jenem Krieg, der die Gründung des Deutschen Reichs in letzter Instanz forcierte und ermöglichte, dem Deutsch-Französischen Krieg von 1870/71, nahm auch Albert Geyer aus Charlottenburg teil, bevor er an der Berliner Bauakademie sein Studium aufnahm, wo er 1874 die Prüfung zum Baumeister ablegte. 1880 wurde er zum Regierungsbaumeister ernannt, 1885 zum zweiten, 1891 schließlich zum ersten Hofbauinspektor. Daraufhin berief man ihn in die Schlossbaukommission, deren Direktor er 1909 wurde und bis zu ihrer Auflösung am 1. April 1921 blieb. Seiner historischen Rolle als letzter Schlossbaukommissionsdirektor ist Albert Geyer in besonderer Weise gerecht geworden, sogar über seine Amtszeit hinaus. Im Anschluss daran übernahm er nämlich den Auftrag, eine umfassende Baugeschichte des Schlosses zu verfassen, über das er wahrscheinlich mehr wusste als jeder andere. Der erste Band dieser Publikation, der die kurfürstliche Zeit bis 1698 behandelt, erschien nach beinah 20 Jahren Arbeit im Jahr 1936. Im Geyer'schen Familienarchiv hat sich ein Glückwunschschreiben erhalten, das eindringlich belegt, dass der Auszug oder auch Rauswurf aus einem Kaiserschloss nicht zwingend mit dem Verlust des Selbstbewusstseins seiner ehemaligen Bewohner einhergehen muss:

»Haus Doorn, den 17. Mai 1936. Brieftelegramm Seiner Majestät des Kaisers und Königs. Zur Vollendung Ihres neunzigsten Lebensjahres sprechen Ihre Majestät die Kaiserin und ich Ihnen, mein lieber Geyer, herzliche Glückwünsche aus. Möchte es Ihnen vergönnt sein, noch lange auf ihr Lebenswerk zurückschauend sich an Ihren Erfolgen erfreuen zu können. Ich denke auch gern Ihres wertvollen Rates bei gemeinsamen (!) Schaffen. Oft erfreue Ich Mich noch an Ihrem Mir zum Geburtstag übersandten Prachtwerk *Das königliche Schloß zu Berlin zu kurfürstlicher Zeit.* Zur Erinnerung an den heutigen Tag lasse Ich Ihnen Mein Bild zugehen, mit nochmaligen guten Wünschen und Unserem Gruß!

Wilhelm I. R.«

Die Abkürzung »I. R.« steht in diesem Fall nicht etwa für »Im Ruhestand«, sondern für das vom Unterzeichner immer noch für angemessen gehalten »Imperator Rex«, also Kaiser und König.

Albert Geyer starb 1938. Und so blieb der zweite Band seiner monumentalen Schlossmonographie, *Vom Königsschloss zum Schloss des Kaisers (1698–1918)*, unvollendet. Wie sich herausstellte, war das Manuskript, das er hinterließ, allerdings so weit gediehen, dass es durchaus möglich war, es zur Publikationsreife zu ergänzen. Und so erschien es in bearbeiteter Form 1992 in Berlin, genau in jenem Moment also, in dem die Freunde des Schlosses sich formierten und das Wiederaufbauprojekt Fahrt aufnahm.

Die Kommunikationsoffensive für einen Wiederaufbau des Hohenzollern-Schlosses, die mit Joachim Fests *Plädoyer für den Wiederaufbau des Schlüterschen Stadtschlosses* und Wolf Jobst Siedlers Grundlagendokument *Das Schloß lag nicht in Berlin – Berlin war das Schloß* begann, wurde also flankiert von einer repräsentativen zweibändigen Edition von Albert Geyers akribischer Schlossbeschreibung. Das mag im Nachhinein fast wie eine Art Beschwörung erscheinen, ein Eindruck, der durch die Umkehrung der Chronologie und mit ihr der Kausalität entstehen kann: Die detaillierte Beschreibung eines verschwundenen Gebäudes wird zur Initiation für seinen Baubeginn. Und das, obwohl gerade dieses monumentale Prachtwerk, seit es mit seinen über 300 großformatigen Abbildungen publiziert ist, den besten Beleg dafür abgibt, dass und warum hier etwas verschwunden ist, was für immer verschwunden bleiben wird: das Ergebnis einer jahrhundertelangen Bauhistorie im Zusammenwirken Hunderter Handwerker und Künstler, manchmal der besten ihrer Generation in Preußen. Als guter Geist des Schlosses, das wahrscheinlich nie einer mit mehr Recht als das *Seine* hätte bezeichnen können als er, hat Albert Geyer diesen Bau als Ergebnis seiner Geschichte dokumentiert, so wie er sich zum Ende von Geyers Lebenszeit präsentierte. Dieses Dokument wird die Erinnerung an das, was das Berliner Schloss einmal war, lebendig halten, sehr viel mehr jedenfalls als die historisierende Fassade vor dem Neubau des Humboldt Forums. Doch bei denen, die vom Schloss träumten, hatte sich der Traum mit dem Erscheinen von Geyers Schlossmonographie nicht etwa erledigt. Im Gegenteil, ihnen war das Druckwerk ein Fundament. Für sie wurde *der Geyer* zur Bibel, wobei sie, wenn man diese Metapher kurz weiterdenkt, eindeutig eine protestantisch textfixierte, also möglichst wörtliche Lesart einer der Gegenwart angepassten, den sich wandelnden Geist der Zeit berücksichtigenden Interpretation vorzogen. Das wird besonders in der Diskussion um eine Wiedererrichtung von Kuppel, Laterne und Kreuz deutlich.

Zunächst war ein Nachbau der Kuppel auf dem Neubau des Humboldt Forums, wie schon erwähnt, nicht unbedingt vorgesehen. Und zum barocken Baukörper hat die Kuppel nicht gehört. Folgt man den Argumenten derer, die diesen Kuppelaufbau unbedingt auf dem modernen Gebäude sehen wollten, und im nächsten Schritt auch den Argumenten derer, die die Details dieses Kuppelaufbaus, also die Laterne, das Kreuz und die Inschrift auf dem Tambour, verteidigen, dann gehört es zum Wesen dieser Rekonstruktion, dass sie so exakt wie möglich zu erfolgen hat. Denkbar wäre ja immerhin auch gewesen, die Rekonstruktion in gewissen Details an die veränderte gesellschaftliche Lage nach bald 200 Jahren anzupassen, etwa bei besonders offensiv symbolischen Elementen oder bei solchen, die einem nicht mehr wünschenswerten Kontext verhaftet sind (von ästhetischen Fragen ganz abgesehen). Nun gibt es durchaus gute Argumente für eine reine Lehre der Rekonstruktion. Allerdings muss man dann umso mehr Vorsicht bei der Auswahl der zu rekonstruierenden Objekte walten lassen. Dass es da nach Jahrhunderten der Veränderung und mehreren politischen Systemwechseln zu Konflikten kommt, wenn man eine absolutistische Herrscherresidenz rekonstruiert, liegt auf der

Hand. Nicht darauf zu reagieren, sondern strikt und stur die originalstmögliche Kopie anzustreben, mag wissenschaftlich konsistent sein und kunsthandwerklich herausfordernd – das Signal, die Botschaft, die davon ausgeht, kann aber verheerend sein. Schließlich steht die Rekonstruktion in einem völlig veränderten Kontext, als es das Original getan hatte. Und wenn eine Botschaft von vor 170 Jahren nach 170 Jahren in genau dem gleichen Ton wie damals ausgesandt wird, kann es gut sein, ja es ist damit zu rechnen, dass sie in einem veränderten Resonanzraum eine andere Bedeutung bekommt. Da hilft es auch nicht, immer wieder auf die Bedeutung im damaligen Kontext zu verweisen. Noch einmal sei an einen der Kernsätze der *10 Thesen der Villa Vigoni zum Humboldtforum* erinnert: »Auch eine Rekonstruktion ist ein Werk ihrer Entstehungszeit.«

Restaurative Romantik

Hätte dem Deutschen Bundestag 2008 zur Beschlussfassung die detaillierte Rekonstruktion des Schlosses mit Kuppel, Kreuz und Tambourschriftband vorgelegen – es ist nicht besonders wahrscheinlich, dass das Ergebnis so ausgefallen wäre, wie es damals ausgefallen ist.

Um zu verstehen, wie prekär der Kuppelnachbau auf dem Berliner Schloss wirken kann, hilft der Blick zurück in die Entstehungszeit der ersten Kuppel, also in jene Zeit, in die ein Anton von Werner und ein Albert Geyer hineingeboren wurden. Es ist eine Zeit, in der vor allem die konservative Elite Preußens von einer Reichseinigung unter preußischer Führung noch träumte, keineswegs nur aus patriotisch-romantischen, sondern vor allem aus handfesten machtpolitischen und wirtschaftlichen Gründen. Vor diesem Hintergrund hatte man großes Interesse daran, die eigene, die preußische Macht und Herrlichkeit zu deklarieren, wo immer es sich medial anbot. In den Augen des streng gläubigen Königs Friedrich Wilhelm IV., der von 1840 bis 1858 regierte und als König qua Amt Oberhaupt der protestantischen Kirche in Preußen war, bedeutet dies die besondere Betonung des Gottesgnadentums der Monarchie im Allgemeinen und der Herrschaft der Hohenzollern im Besonderen. Beschworen werden sollte, dass die Monarchie, und zwar diese Monarchie, als religiös fundiert und wie die Religion selbst als unantastbar zu betrachten war, was auch bedeutete, dass sie in jeder denkbaren Hinsicht jenseits legalistischer, politischer, verfassungsmäßiger oder anderer bloß irdisch legitimierter Vereinbarungen rangierte. Wer konsequent so denkt, zeichnet auch noch im Jahr 1938, also zwei Jahrzehnte und zwei Systemwechsel nach Abschaffung der Monarchie, als *Imperator Rex* mit *I. R.*

Da die Sache mit dem Gottesgnadentum in der Mitte des 19. Jahrhunderts nicht mehr in allen Gesellschaftsschichten ganz so selbstverständlich hingenommen wurde, wie es in vorangegangenen Epochen der Fall gewesen sein dürfte, lag dem Monarchen umso mehr daran, es lautstark und un-missverständlich zu behaupten, erst recht, nachdem es in Europa seit 1789 zu mehreren Revolutionen gekommen war. Vor diesem Hintergrund erhielt das Berliner Schloss seine Kuppel.

Wir befinden uns in der Mitte des 19. Jahrhunderts in einer späten Phase der Romantik. Zu deren Wesen gehört es, dass ein der Bewegung innewohnender ungestümer Drang in allen Belangen des Lebens, Schaffens und Denkens von dem Bedürfnis flankiert wird, diese potenziell unbegrenzte, unendliche Energie einzuhegen, vor ihr bewahrt zu werden. In Deutschland firmiert diese andere romantische Bewegung, die zum romantischen Drang gehört wie zwei Seiten zu einer Medaille, unter dem Namen Biedermeier. Um in Preußen und bei den (zeitweisen) Bewohnern des Berliner Schlosses zu bleiben: Es gibt vielleicht keine sinnfälligere Realisierung dieses Zwiespalts in jener Epoche der hoch-romantischen Annäherung an die Welt als die weitläufigen Parkanlagen aus jener Zeit, denen die Mitglieder des preu-ßischen Königshauses nicht von ungefähr viel Zeit, Geld und Energie widmeten. Hier ließen sich die zeitgenössi-schen Blickweisen auf die Welt am Beispiel der Natur selbst demonstrieren und erfahren, die der Epoche so besonders wichtig war und die sie bis an die Grenzen des Nachvollzieh-baren erkundete. Die ausgedehnten Parks von Charlotten-hof, Babelsberg oder Glienicke, in denen die Kraft und die Unendlichkeit der Natur selbst wirkmächtig repräsentiert sind, enden vor den durchweg als Villen camouflierten Häusern an einer Art *cordon sanitaire*, einem Schutzgürtel – nach dem englischen Vorbild *pleasure ground* genannt –, in dem es maßvoll, nach dem Menschen gemäßen, vom Menschen entworfenen Proportionen zugeht, mit Gräben, Hecken und Mauern, Springbrunnen, beschnittenen Pflanzen bis hin zur bieder(meierlich)en Kultur formaler Blumenarrangements und farbenfroher Beete. Auch die Gärten, die die Regierenden dieser Zeit in Auftrag gaben, sind wie die Bilder, die sie malen, und die Gebäude, die sie bauen ließen, Medien der Kommunikation, Verkünder eines herrschenden oder gewünschten Blicks auf die Welt, einer Gesetzmäßigkeit, wie man sie gern hätte, die suggestive Vereinnahmung für eine ganz bestimmte Perspektive. Und auf dem Land probten auch die Herrschenden in jenen Jahren zumindest dem Anschein nach so etwas wie ein bürgerliches, naturnahes Leben in den Bescheidenheit vorspiegelnden Villenbauten. In den Residenzen wurden zur gleichen Zeit mit dem gleichen sinnlichen Überzeugungsgestus der alleinige Herrschaftsanspruch und das Gottesgnadentum repräsentiert.

Die Gartenanlagen jener Zeit ließen sich übrigens später leicht in Volksparks umwidmen. Das Umwidmen einer neu errichteten Repräsentationsarchitektur, Abbild eines (im bescheidenen Rahmen) aufgeklärten Absolutismus und einer gar nicht mehr aufgeklärten, vielmehr religiös-restaurativen Reprise der absolutistischen Idee als Krönung der absolutistischen Fassade, in ein »Volkshaus« (wie es die erste der *10 Thesen der Villa Vigoni zum Humboldtforum* als Wunsch und Auftrag formulierte), gestaltet sich da schon schwieriger.

Romantische Politik, auch das spiegeln diese Parks, war vielerorts mit einem unendlichen Freiheitsdrang verbunden, dem ein grenzenlos gedachtes Freiheitsversprechen folgte. Und so war die Epoche politisch zunächst in eine Zeit der Revolutionen gerauscht, inzwischen aber längst in eine Phase der Restauration zurückgependelt. Die Ideen freilich, die Gedanken, die geweiteten Herzen waren geblieben, mit ihnen Zweifel an vielem Bestehenden, das Gottesgnadentum der preußischen Monarchie eingeschlossen. Hier trafen in Berlin, bald ganz konkret vor dem Berliner Schloss, zwei Vorstellungswelten aufeinander. Und der König verkündete im Mai 1848 unmissverständlich: »Ich bin felsenfest entschlossen, einer Demonstration, die die Thronfolge in Frage stellt, mit den Waffen in der Hand entgegenzutreten.«

Romantische Politik, das war auch Politik mit den Mitteln rhetorischer Emotion. Romantische Politiker wussten im Allgemeinen, wie man Emotionen schürt, und im Besonderen, dass Architektur und Städtebau zu den wirksamsten Mitteln rhetorischer Überzeugungsarbeit im politischen Raum gehörten. Da die europäischen Großstädte in jener Zeit explodierten, bot sich hier ein ideales Betätigungsfeld für die Herolde einer überkommenen Gesellschaftsordnung, während sich gleichzeitig neue Gesellschaftsformen herauszubilden begannen. Das ist der historische Hintergrund der Vielfältigkeit der gesellschaftlichen Kultur des Kaiserreichs. Wobei das Berliner Schloss und seine Kuppel auf besondere Weise für die restaurative, alles andere als aufbruchsorientierte Seite stehen.

Aus diesem Zusammenhang ließe sich auch der Umbau von Paris in jener Zeit erklären, der einer Neuerfindung der Stadt gleichkam und im Ergebnis die von Walter Benjamin nicht umsonst so genannte »Hauptstadt des 19. Jahrhunderts« hervorbrachte. Es ist in vieler Hinsicht auch die Hauptstadt der Romantik im Sinne der Realisierung einer aus dem Geist einer rhetorischen Architektur geborenen Stadtplanung, die Bewegungs-, aber auch Bewusstseinsströme in wohlberechnete Bahnen lenkte, die rationale Instrumentalisierung der emotionalen Überwältigung im öffentlichen Raum. Städte planend, bauend und umgestaltend, agierten romantische Politiker wie raffinierte Schriftsteller, schufen beeindruckende einzelne Statements, aber eben auch Zusammenhänge, Kontexte, Erlebnisräume und erzählten so eine, ihre Geschichte, mit sich selbst als Höhepunkt und der Gegenwart als Tor zu einer glorreichen Zukunft, auf die die glorreiche Vergangenheit als sicherer Wechsel erscheinen sollte. Und sei es die Zukunft des Gottesgnadentums.

Die in jenen Jahrzehnten entstehenden Metropolen waren in den neu geschaffenen Nationalstaaten auch Zentralen einer entsprechenden nationalen Ideologie, eines Nationalismus, den es in dieser Form zuvor nicht gegeben hatte. Das war in Frankreich nicht anders als im ab 1871 vereinten Deutschland oder in irgendeinem anderen Land in Europa. Vielfältig sind die politischen, organisatorischen und nicht zuletzt die kulturellen Aktivitäten, mit denen die Länder von ihren Metropolen als den Zentralen der Macht in der Politik, in der Wirtschaft und in der Kultur aus im nationalen

Geist überzogen worden sind, bis ins 20. Jahrhundert hinein, bis zum Ausbruch des Ersten Weltkriegs.

In Deutschland gehören all die Bismarck-, National- und Kriegerdenkmäler ebenso dazu wie ausgemalte Schulaulen oder Museen wie die als klassizistischer Tempel camouflierte Nationalgalerie auf der Berliner Museumsinsel, aber auch Feste und Sport, die Bewegung von »Turnvater Jahn«, natürlich viele vaterländische Bücher, literarische Klubs, Gesangsvereine, nicht zu vergessen die Musik: Johannes Brahms schreibt nach dem gewonnenen Deutsch-Französischen Krieg und dem zum Kaisertum erklärten Nationalstaat einen Triumph-Marsch, Richard Wagner einen Kaiser-Marsch. Auf französischer Seite gründet der Komponist Camille Saint-Saëns 1871 zusammen mit César Franck die *Societé Nationale de Musique*. Für das Gründungskonzert komponiert Saint-Saëns einen *Heroischen Marsch* für zwei Klaviere.

Zwei Beispiele noch zur Illustration, die man nicht unmittelbar als aus den Metropolen gesteuerte Programme zur Nationalisierung von Flächenstaaten erkennt: 1903 wird in Frankreich erstmals eine Fahrradrundfahrt ausgerichtet, die alle Teile des Landes in einem nationalen Taumel verbinden und die nationale Einheit beschwören sollte, indem sie alle wichtigen Kulturdenkmäler und Naturschönheiten des Landes passierte: die *Tour de France*. In Schweden unternahm genau zur gleichen Zeit stellvertretend für alle ein kleiner Junge auf dem Rücken einer Gans diese nationale Rundfahrt in Form eines Rundflugs: 1901 beauftragte der nationale Lehrerverband im Königreich die Schriftstellerin Selma Lagerlöf mit einem Werk für die Volksschulen, das die Größe Schwedens zeigen sollte, die geographische wie die kulturelle. Es war eines der größten Publikationsprojekte, die Schweden bis dahin gesehen hatte. Das Ergebnis war *Nils Holgerssons wunderbare Reise durch Schweden*, Weltliteratur im Auftrag des nationalen Unterrichtsministeriums.

Das ist das Wesen des letzten Drittels des 19. und der ersten zwei Jahrzehnte des 20. Jahrhunderts in Europa, leider in jener Zeit auch eines der folgenreichsten Exportgüter aus Europa in alle Welt: der sich zuerst formierende, dann etablierende und dann in vielen Fällen radikalisierende Nationalismus. In der deutschen Geschichte ist er untrennbar mit dem Deutschen Reich verbunden, das aus jenem Preußen hervorging oder, wie es Christoph Jahr im Untertitel seines Buchs *Blut und Eisen* formuliert: von jenem Preußen *erzwungen* wurde, das mit der Hohenzollern-Fassade eine verstörende Rückkehr ins Stadtbild der deutschen Hauptstadt erfahren hat, und das in einer Zeit, in welcher der Nationalismus weltweit, in Europa, auch in Deutschland zunehmend wieder zum Inhalt politischer Propaganda geworden ist. Das wirkt befremdlich, geschichtsvergessen und unheimlich, gerade weil sich neue Propheten nationaler Größe und Überlegenheit mit Vorliebe genau auf jene Geschichte berufen, von der die Hohenzollern-Fassade in Berlins Mitte mächtig Zeugnis gibt.

In den vierziger Jahren des 19. Jahrhunderts befindet sich dieser Nationalismus, wenn man so will, noch in einer Phase des Aufbaus. Das gilt auch für das noch nicht zur Nation geeinte Deutschland, in dem es sowohl restaurative als auch freiheitliche Nationalbewegungen gibt. Man denke an das Königreich Baden und seine Liberalen, in dem auch der preußische Geschichtsmaler Anton von Werner zeitweise im künstlerischen Exil weilte, das er politisch-gesellschaftlich im Gegensatz zu Preußen als fortschrittlich und wohltuend empfand.

Da zeichnet in Preußen der König eine Kuppel. Sie soll seinen Architekten als Vorbild dienen und sein Königsschloss krönen. Und sie soll nicht irgendeinen Raum überwölben, sondern eine Kapelle. Welcher Effekt damit erzielt werden sollte, also welche Botschaft damit verbunden war, das weiß keiner besser als Schlosshistoriker, -architekt und -biograph Albert Geyer:

»Der Kuppelbau gibt dem gewaltigen, felsartig wirkenden Block des Schlosses eine Krönung, die ihn belebt und beherrscht und für das Auge des Beschauers der immer von neuem fesselnde Sammelpunkt ist. Gedanken und Form rühren zweifellos von dem Könige her, wie die vorliegenden Handzeichnungen beweisen, so flüchtig sie vielfach sind. Er beschäftigte sich (...) schon als Kronprinz mit baulichen Veränderungen am Schloss und dabei auch zugleich mit dem Bau einer Kapelle auf Portal III.«

Ausschlaggebend beim Plan einer Kuppel war also das Signal der Krönung eines weltlichen Baus mit einem geistlichen, buchstäblich die Überwölbung eines irdischen Machtanspruchs mit einem göttlichen, nicht bloß die formale Ergänzung eines architektonischen Quaders mit einer effektvollen Halbkugel. Das erklärt das Kreuz auf der Kuppel. Und nur wenn man diese Botschaft wiederherstellen oder zumindest an sie erinnern möchte, ist es sinnvoll, das Kreuz originalgetreu auf dieser Kuppel zu rekonstruieren.

Um jedes Missverständnis auszuschließen, war (und ist jetzt wieder) der Umgang am Fuß der Kuppel von Statuen von Propheten gesäumt. Es sind Jesaias, Hosea, Zephania, Zacharias, Jonas, Daniel, Jeremias und Hesekiel. Sie fungieren als Verstärker der Botschaft, die von der Kuppel ausgehen soll – so wie der *Rufer*, der knapp eineinhalb Jahrhunderte später auf dem Mittelstreifen der Straße des 17. Juni aufgestellt wurde, um eine politische Botschaft zu verstärken, wenn auch eine andere.

Im Fall der Kapelle über dem Berliner Schloss verfasste der Bauherr, in Personalunion weltlicher König und Oberhaupt der Preußischen Staatskirche, höchstselbst unter Verwendung von Formulierungen aus der Apostelgeschichte (Kap. IV, 12) und der Epistel an die Philipper (Kap. II, 10) einen Text, der die Botschaft der Erweiterung seines Schlossbaus auf einer zusätzlichen Ebene in aller Unmissverständlichkeit formuliert. Diesen Text ließ der König in 34 Zentimeter hohen goldenen Lettern auf blauem Grund umlaufend am Tambour unter der Kuppel anbringen. Er lautet:

»Es ist kein ander Heil, es ist auch kein anderer Name den Menschen gegeben, denn der Name Jesu, zu Ehren des Vaters, daß im Namen Jesu sich beugen sollen aller derer Kniee, die im Himmel und auf Erden und unter der Erde sind.«

Albert Geyer weiß zu berichten, dass die optische Verstärkung dieser Botschaft durch den Kreis der Propheten
dem Bauherrn immer noch nicht ausreichend erschien: »Der
König beabsichtigte weiter, die großen, mit ihren Säulen
verkröpften Gesimse vor der Front des Portalbaues an der
Schlossfreiheit mit Rücksicht auf die Kapelle mit Engels-
gestalten als Wächter des Heiligtums zu schmücken. Der
Bildhauer (Friedrich) Drake hatte auch bereits Entwürfe
dazu gemacht, da sie aber dem König nicht gefielen, unterblieb die Aufstellung.«

Was es der Republik im 21. Jahrhundert immerhin er-
spart hat, auch sie noch rekonstruieren zu müssen.

Ein Kreuz ist ein Kreuz ist ein Kreuz

Auf der Internetseite des Humboldt Forums findet sich ein
aufschlussreicher Aufsatz des Kunsthistorikers und Hum-
boldt-Forum-Kurators Alfred Hagemann zur »Symbolpolitik«
des Schlosskuppelbaus. Darin heißt es:

»Die Kuppel sollte die Schlosskapelle beherbergen und
damit das ganze Schloss in einen sakralen Bezug stellen. Ziel
aller Planungen war die Schaffung eines Forums rund um
den Lustgarten, in dem neben Monarchie (Schloss), Militär
(Zeughaus) und Kultur (Museum) auch die Rolle der Religion
im Staat angemessen zum Ausdruck gebracht werden sollte.«

Bereits in Potsdam hatte, wie Hagemann erläutert, König Friedrich Wilhelm IV. den Primat der Kirche, der er vorstand, eindringlich und unübersehbar architektonisch zum Ausdruck gebracht:

»Der König schätzte Sanssouci als künstlerische Schöpfung seines Vorfahren Friedrichs II. (des Großen) außerordentlich, empfand aber das völlige Fehlen christlicher Elemente als großes Manko. In einer hochsymbolischen Geste ließ er daher am 14. April 1845, auf den Tag einhundert Jahre nach der Grundsteinlegung von Sanssouci, den Bau der Friedenskirche am Fuß des Hügels von Sanssouci beginnen. (...) Der Bau der Friedenskirche war demzufolge als eine Art ›Heilung‹ von Sanssouci zu verstehen: Begnügte sich Friedrich II., der aufgeklärte, religiös skeptische Erbauer Sanssoucis, mit einem weltlichen ›Ohne-Sorge-Sein‹, so vertraute sein zutiefst religiöser Nachfahre auf einen höheren göttlichen Frieden. So ist es kein Zufall, dass der Turm der Kirche so platziert wurde, dass sein goldenes Kreuz von der Terrasse des Schlosses Sanssouci zu erkennen war. Und es ist konsequent, dass Friedrich Wilhelm die Friedenskirche auch zu seiner Grabstätte bestimmte – als Gegenpol zu dem Plan Friedrichs II., sich in einem ungeweihten Grab auf der oberen Terrasse von Sanssouci begraben zu lassen.«

Alfred Hagemann führt aus: »Beim Bau der Schlosskapelle ging es – bei aller unbezweifelten persönlichen Frömmigkeit des Königs – also keineswegs um den Glauben als eine ›Privatsache‹ Friedrich Wilhelms, sondern um die christliche Religion als ein Prinzip der gesellschaftlichen Ord-

nung. (...) Eine ganze Reihe von Studien haben seit Langem
herausgearbeitet, wie tief die Bauten des Königs mit seinem
politischen Handeln als Monarch verbunden waren. Und
das trifft auf die Schlosskapelle in ihrer Entstehungszeit
vor und nach der Revolution von 1848 in besonderem Maße
zu. Die Inschrift betont ganz ausdrücklich den universellen
Herrschaftsanspruch des Christentums. Und dieser war für
Friedrich Wilhelm zugleich Grundlage seiner eigenen un-
eingeschränkten Souveränität als Herrscher.«

Die Original-Kuppel wurde am 15. Oktober 1847 fertig.
Kein halbes Jahr später brachen in Berlin Unruhen aus, die
sich zur Revolution von 1848 ausweiten sollten. Die emanzi-
pierte, engagierte Schriftstellerin Fanny Lewald sah einen
Zusammenhang, ein historisches Moment:

»Zu unseren Füßen lag das große prächtige Berlin – Berlin, überragt von den Türmen seiner Kirchen, von der neuer-
bauten stolzen Kuppel des Königsschlosses, welche in dem
Augenblicke beendet wurde, als die Revolution ihre ersten
Hammerschläge gegen die Grundfesten dieses Königshauses
richtete.«

Alfred Hagemann zieht zur Illustration dieses besonderen Augenblicks in der preußischen Landes- wie auch der
Berliner Stadtgeschichte ein faszinierendes Bilddokument
heran, eine anonyme Handzeichnung aus dem Jahr 1848. Hagemann kommentiert:

»Dieses Gefühl, etwas völlig Überholtes, Altes und Un-
rechtes abschütteln zu müssen, war sehr stark – und brach
sich schließlich in der Revolution 1848 Bahn. Eine eindrück-

liche zeitgenössische Darstellung hält die Situation fest: Während vor dem Schloss die Truppen des Königs in langen Reihen auf die protestierenden Bürger und Bürgerinnen zumarschieren, erhebt sich über der Szene das gewaltige Gerüst der neuen Schlosskapelle, deren Umrisse bereits schemenhaft zu erkennen sind – auch Preußens Zukunft war zu diesem Zeitpunkt eine Baustelle. Würde die alte Welt der Herrscher von Gottes Gnaden wiedererstehen, oder war noch ein Umbau zu einer demokratisch legitimierten, konstitutionellen Monarchie möglich?«

Mit der detailgetreuen Imitation der Außenhaut der Königlichen Schlosskapelle auf dem Humboldt Forum triumphiert symbolisch im Jahr 2021 ausgerechnet die erste dieser beiden Varianten über der deutschen Hauptstadt.

Auch Horst Bredekamp verweist in einem 2019 in Posen gehaltenen bilanzierenden Vortrag zur Geschichte des Berliner Schlosses und des Humboldt Forums auf ebenjene Abbildung. Er schreibt dazu:

»Als Gegenmodell zum Vormärz, jener liberalen, demokratischen Bewegung (...), wurde diese Kuppel jedoch zu einem Menetekel. 1848, im Jahr der europäischen Revolutionen, führten die inneren Spannungen auch in Berlin zu einem Aufstand, in dessen Verlauf, verursacht offenkundig durch einen Übertragungsfehler, zahlreiche Demonstranten erschossen wurden. In einer anonymen Darstellung ist das Geschehen festgehalten. Das Schloss zeigt die im Bau befindliche Kuppel, die in der kühnen Eisenkonstruktion eine Weite zu überspannen vermochte, die zu dieser Zeit eine Beson-

Angriff der Kavallerie auf dem Schlossplatz
am 18. März 1848. Handzeichnung, Wasser-
farbe, 1848, anonym.

derheit war. Durch die historischen Ereignisse blieb jedoch allein der als repressiv empfundene Gehalt. Friedrich Wilhelm IV., der seine Truppen nach der Massenerschießung aus der Stadt entfernen ließ und sich damit selbst auslieferte, musste den aufgebahrten Toten die letzte Ehre erweisen. Mit der Niederschlagung der Revolution von 1848 war das Ansehen des Schlosses als Sitz der Hohenzollern diskreditiert. Von diesem Moment an (...) hatte es seine repräsentative Funktion für die Hohenzollern auf Jahrzehnte verloren. Es erfüllte seine Aufgabe als Ort der Ämter und Geldinstitute weiterhin, aber seine ursprüngliche Funktion trat für mehr als eine Generation zurück.«

Es gibt noch eine zweite Inschrift auf der Kuppelnachschöpfung, die hat im Gegensatz zu dem fundamentalistisch-protestantischen Geschützdonner von Friedrich Wilhelms Worten am Tambour eher anekdotischen Charakter. Über der Kuppel ragt ein vergoldetes Kreuz in den Himmel. Die Kunsthistorikerin Laura Goldenbaum schreibt dazu:

»Mehr als bei anderen deutschen Kultureinrichtungen sind die Geschichte des Ortes, die Architektur des Gebäudes und die im Humboldt Forum neu zusammenfindenden Inhalte als überblendete Ebenen symbolpolitisch aufgeladen. Das (...) Kreuz fungiert hier nicht allein als Dachgipfelbekrönung der Kuppel, sondern auch als verstärkendes Element dieses inhärenten Konkurrenzverhältnisses. Dieser Eindruck wird verschärft durch einen schmetternden Kommentar«, womit die goldene umlaufende Inschrift auf dem Tambur gemeint ist. Laura Goldenbaum schließt ihren Aufsatz mit den Worten:

»Sicher ist: Mit dem Humboldt Forum eröffnet (...) kein Schloss und auch kein christlich sakraler liturgischer Raum, sondern ein neues, säkulares, kulturelles Stadtquartier in der Mitte Berlins. Das Humboldt Forum wird auf vielfältige und unerprobte Weise Künsten, Kulturen und Wissenschaften der Welt Raum bieten sowie Aspekte der Geschichte dieses Ortes miteinander in Verbindung bringen (...). Die Besucherinnen und Besucher erwartet ein vielschichtiger Erkundungsraum, in dem vielfältige kulturelle Ausprägungen und weltweite Verflechtungen zu entdecken sind. Er steht für eine Herangehensweise, die Vielfalt der Kulturen und Perspektiven wert- und hierarchiefrei kennenzulernen und zu schätzen, für eine Ermunterung zur Weltoffenheit. Die entscheidende Frage, ob sich dieser Erkundungsraum auch konfliktfrei unter der Kreuzkuppel entfalten kann, wird erst in der nahen und ferneren Zukunft beantwortet werden können.« Und schließlich fügt Laura Goldenbaum noch hinzu: »Alexander von Humboldt, einer der Namensgeber, über den selbst sein Bruder Wilhelm nicht zu sagen vermochte, ob er ›Religion habe oder nicht‹, hätte vielleicht einem universal kreuzlosen Kuppelbau den Vorzug gegeben, in dem sich Erde und Kosmos und auch die verschiedenen Kulturen gleichermaßen spiegeln, wer weiß!?«

Doch jetzt prangt es da über allem, das goldene Kreuz, thront über der Stadt, über dem Projekt Schloss und über der Idee Humboldt Forum. Es steht auf einem ebenso goldenen Reichsapfel. In diesem ist umlaufend die Inschrift graviert: »Im Gedenken an meinen Mann Werner A. Otto 1909–2011.

Inga Maren Otto«. Die Witwe des Unternehmers Werner Otto hatte eine Million Euro für die Wiederherstellung des Kreuzes gespendet und durfte sich dafür diese Widmung auf dem Reichsapfel unter dem Kreuz über der Kuppel über dem zum Humboldt Forum wiederaufgebauten Schloss wünschen. Die *Süddeutsche Zeitung* titelte: »Otto findet's gut.«

Karl Friedrich Schinkel hatte als Abschluss der Kuppel kein Kreuz vorgesehen, vielmehr eine runde Öffnung wie beim Pantheon in Rom, jenem einzigartigen Ur-Kuppelbau, der den freien Blick in den unendlichen Himmel selbst erlaubt – anstelle einer schweren Eisenkonstruktion, versehen mit den erdrückend bleischweren Worten eines sehr frommen protestantischen Königs.

Volk und Wissenschaft

Vorbild für die Schlosskuppel war nicht etwa, wie viele angesichts einer königlichen Residenz vermuten, ein Profanbau, sondern eine Kirche. Schließlich überwölbte sie einen kirchlichen Raum und verkörperte eine religiöse Botschaft. Albert Geyer schreibt:

»Wie sorgfältig der König den Bau der Kapelle verfolgte und überwachte, beweist eine im Schlossarchiv vorhandene Zeichnung, die einen Vergleich der Berliner Schlosskuppel mit der Kuppel der berühmten Kirche S. Maria della Salute in Venedig veranschaulicht. (...) Die Abweichungen sind nur ganz gering. Die Berliner Kuppel ist etwas höher, dagegen hat die Laterne der (Kirche S. Maria) de la Salute einen größeren Umfang in Breite und Höhe.«

Womit wir bei der Höhe wären. Die, mit Albert Geyer formuliert, »Krönung« des »gewaltigen, felsartig wirkenden Blocks des Schlosses« sollte einerseits die Herrschaft der Religion über alles Weltliche propagieren beziehungsweise manifestieren, aber andererseits gleichzeitig auch die Übermacht des Herrscherhauses über alle Untertanen, sprich, im konkreten Fall: über die Stadt Berlin und ihre Einwohnerinnen und Einwohner und weit darüber hinaus.

Der Architekturkritiker Nikolaus Bernau sieht in der Kuppel denn auch ein »Symbol des historisch fatalen Staatskirchentums Preußens«. Bernau bemerkte nach Vollendung der Rekonstruktion in der *Deutschen Bauzeitung* außerdem: »Kuppeln und zumal solche mit hohem Tambour-Unterbau sind immer Machtsymbole«, um hinzuzufügen: »Das gilt auch für die 1854 eingeweihte alte Kuppel des 1950 im Auftrag der SED gesprengten Berliner Stadtschlosses, (...) nachgebaut als Kuppel des Berliner Humboldtforums.« (*Deutsche Bauzeitung*, 1.7.2020) Die Worte der Inschrift auf dem Tambour sind, so Nikolaus Bernau, »geradezu militant antijüdisch, wenden sich gegen das Versprechen von religiöser und gesellschaftlicher Gleichberechtigung, wie es in der amerikanischen Unabhängigkeitserklärung von 1776, der französischen Verfassung von 1791 und der deutschen von 1848 Form gefunden hat«. Und so wundert sich Bernau ange-

sichts dessen, was da nun wieder steht (im doppelten Sinne):
»Aus dem Kreis der Verantwortlichen sind keine radikalen
Monarchisten oder fundamentalistischen Christen bekannt,
die diese Bauformen und Details mit einer wirklichen Botschaft verbinden. Was die Sache eigentlich noch schlimmer
macht: All die vielen Beratungsgremien, die hoch gebildeten Fachleute der Stiftung Preußischer Kulturbesitz unter
Hermann Parzinger – der Gründungsintendant des Humboldtforums, Hartmut Dorgerloh, der über die Kunstpolitik
Friedrich Wilhelms IV. geforscht hat; die Leitung des Berliner Stadtmuseums unter dem sonst so kritisch auftretenden
Niederländer Paul Spies; die Kunsthistoriker der Humboldt-
Universität um Horst Bredekamp; oder die sonst so sehr auf
Symbolwerte achtende Kunsthistorikerin und Bundeskultur-
staatsministerin Monika Grütters – folgten der Behauptung
der Schlossbau-Stiftung und der Architekten im Büro Franco
Stellas, dass es hier ›nur‹ um eine Nachschöpfung des 1950
zerstörten Schlossbilds ginge. Doch es gibt keine Form ohne
Bedeutung.«

An anderer Stelle hat Nikolaus Bernau bemerkt: »Nicht
nur, dass die Form dieser Inschrift nicht dem historischen
Original nachgeschaffen worden ist, es fanden sogar gram-
matikalische Modernisierungen statt: Es ist die erste eindeutig antijüdische Inschrift, die seit 1945 an einem öffentlichen
Neubau in Deutschland neu angebracht werden durfte –
unter dem Vorwand, es handele sich um eine ›Rekonstruktion‹. Es ist ein Affront gegen alle nichtchristlichen Kulturen
und Religionen, unter dem das Weltkulturenzentrum Hum-

boldt Forum voraussichtlich noch lange leiden wird.« (*Cicero*, 17.12.2020)

Entsprechend fordert Bernau, man solle die Inschrift auf dem Tambour wieder entfernen: »Nicht nur, weil sie eklatant dem heutigen Staatsbewusstsein widerspricht, sondern auch dem Inhalt des Humboldtforums: Die darin künftig repräsentierten Kulturen haben durchweg unter genau dem durch Kuppel, Kreuz und Inschrift gezeigten monarchochristlichen Allerlösungsanspruch Europas leiden müssen. Er war die ideologische Legitimation des Kolonialismus. Das Knie vor Jesus Christus zu beugen, war jahrhundertelang die Aufforderung, vor ›den Weißen‹ zu knien.«

Die Kuppel über dem Humboldt Forum steht also zunächst für den Machtanspruch des Königs von Gottes Gnaden über sein Reich und seine Hauptstadt; in der Nachschöpfung aber auch für die Illusion, dass es so etwas wie eine detailgetreue Rekonstruktion eines verschwundenen Gebäudes mit einer so komplexen Struktur und Geschichte geben kann, wie sie dem Berliner Schloss eigen sind; für die Illusion, man könne dies unabhängig von allen historischen Verwerfungen, ästhetischen Veränderungen, technischen Fortschritten und gesellschaftlichen Bedürfnissen genau so wieder hinbekommen, wie es einmal gewesen ist; und für die Illusion, dass eine solche Rekonstruktion schon gutgeheißen wird, ganz gleich, welche Botschaften von ihr ausgehen. Genügt die Befriedigung eines Anspruchs der Denkmalpflege und einer ihr in ausgesprochen konservativer Weise verpflichteten Kunstgeschichte an sich selbst angesichts der Erneuerung der Botschaft, die von diesem Gebäude in seiner ursprünglichen Gestalt ausgegangen ist? Ersteres mag aller Ehren wert sein, muss aber angesichts der Besetzung eines zentralen und bedeutenden Platzes in der Mitte einer dynamischen Großstadt mit einem derart monumentalen und bedeutungsbeladenen Bau vielleicht doch zurücktreten. Letzteres ist ohnehin fatal.

In der Berliner Architektur- und Stadtgeschichte gibt es für ein unbedingtes Festhalten am äußeren Erscheinungsbild eines wiederzuerrichtenden Gebäudes auch bei inhaltlichen oder konstruktionsbedingten Bedenken einen schönen Begriff: den der *Postkartenauthenzität.*

Er fiel in der Diskussion um die Berliner Kongresshalle im Tiergarten. 1980 stürzte ein Teil des markanten Dachs der Halle ein. Als die Option des Abrisses und Fragen des Wiederaufbaus diskutiert wurden, schloss man vorgeschlagene Alternativen zur Dachkonstruktion mit Hinweis auf den Umstand aus, das Motiv »Kongresshalle« sei die meistverkaufte und meistversandte Postkarte in West-Berlin, weshalb der Bau *postkartenauthentisch* wiederzuerrichten sei.

Ähnlich argumentieren die Schlossfassaden-Rekonstrukteure, nur dass es in diesem Fall erheblich ältere Fotografien sind, die die Vorlage liefern und definieren, was als authentisch zu betrachten ist. Dass trotz Bundestagsbeschlusses, der den Wiederaufbau der Fassade deckt, die detailgetreue Nachbildung von in der Fassade verwendeten Ornamenten (und damit immer auch ihrer Botschaften), das Kreuz auf der Kuppel (und damit die Botschaften von Kuppel und Kreuz) und schließlich die zitierte Inschrift selbstverständlich erst einmal einer Diskussion bedurft hätten, bevor man sie so originalgetreu wie möglich nachbildet, scheint den Verantwortlichen nicht in den Sinn gekommen zu sein. Oder sie wollten es nicht zur Diskussion kommen lassen, da deren Ausgang ungewiss gewesen wäre. Es hätte die Gefahr bestanden, dass sich die öffentliche Meinung in die reine Lehre der Fassadenrekonstruktion eingemischt hätte.

Die Argumentation der Befürworter einer exakten Kopie einschließlich Kreuz und Inschrift, unabhängig von der Botschaft, die dadurch unweigerlich wiederhergestellt oder zitiert wird, hat Horst Bredekamp in einem Zeitungsinterview zusammengefasst: »Aus kunsthistorischer wie auch aus kulturgeschichtlicher Perspektive wäre es eine eigene Form von Ikonoklasmus, das Kreuz wegzulassen. Rekonstruktionen, wenn sie denn beschlossen werden, müssen sich vom Zeitgeist und von Stimmungen frei machen. Im April 2010 gab es (...) ein zweitägiges Expertentreffen zu dieser Frage in der Villa Vigoni am Comer See. Das Ergebnis war eindeutig und einstimmig: Eine ›gezielte‹ Rekonstruktion, wie sie in Bezug auf das Schloss in der DDR üblich war, kommt nicht infrage.« Auf die Nachfrage, *gezielt* in welchem Sinne?, ergänzt Bredekamp: »Im Sinne von einer Frisierung der Formen im eigenen Interesse. Bei der Versetzung des Portals IV, das ja in die Fassade des DDR-Staatsratsgebäudes integriert wurde, ersetzte man die Adler als Insignien des preußischen Staatswesens durch Jahreszahlen. Jetzt auf das Kreuz zu verzichten, wäre dasselbe Verfahren. Genau dies sollte nicht wieder geschehen.« (*Der Tagesspiegel*, 4.6.2017)

So ganz genau hat man es aber auch im Fall der Fassadenkopie am Humboldt Forum bei der Rekonstruktion wohl nicht immer genommen, wie der Architekturhistoriker Nikolais Bernau bemerkt hat: »Nicht nur im Großen und Ganzen, sondern auch in den Details der handwerklich bewunderungswürdig gelungenen Nachbaufassaden ist dieser Bau ein überaus willkürliches, aus heutigen Interessen geborenes Pasticcio, eine Zusammenfügung unterschiedlicher Epochenbilder. So wurden die Farben in Anlehnung an im Schloss Charlottenburg gefundene Reste frei nach dem um 2010 gültigen Geschmack komponiert, was ihre Spannungslosigkeit erklärt. Statt die straffe Barockarchitektur zu stützen, die Skulpturen herauszuheben und nach der Architekturmethodik der Zeit um 1710 zu beleben, versinken die nachgebauten Fassaden in einem milde konturenlosen gelbocker-braunen Gesamtton.« (*Cicero*, 17.12.2020)

Bernau hat an anderer Stelle noch weitere Beispiel zusammengetragen:

»Die zentrale Begründung für Kuppel, Kreuz und Inschrift ist immer wieder, dass sie zu einem korrekten Nachbau gehörten. Doch wenn man sich die Details des Fassadennachbaus ansieht, ist er eben gerade keine pingelige Kopie des 1950 zerstörten Originals, sondern eine zwar historisch begründbare, handwerklich oft herausragend gut gemachte, in vielem aber recht freimütige Nachschöpfung aus heutigem Geist und heutigen Interessen heraus. So ist die Inschrift keineswegs eine Kopie jener Inschrift, die 1950 zerstört wurde. Es handelt sich dagegen, wie die Schlossbaustiftung bestätigte, um eine Wiederholung jenes Inschrifttextes, der für 1848 überliefert ist, aber schon 1884 bei einer Renovierung ersetzt worden war. Der Text stammt nun wieder aus 1848 – ergänzt um einige Buchstaben, worauf der Historiker Werner Kohl mittels einer Detailanalyse hinwies, die den Text im heutigen Sinn flüssiger lesbar machen. Die Buchstabenformen dagegen orientieren sich an der Fassung der Inschrift von 1884, und die Bautechnik ist gänzlich modern. Ein Epochen-Potpourri also, das durchaus die Frage stellen lässt: Warum musste man diese Inschrift überhaupt rekonstruieren, wenn man sich nicht einmal für eine Zeitebene entscheiden konnte? Die aus der Renaissance stammenden Fassaden wurden vollständig weggelassen, das erst unter Wilhelm II. wieder angefügte große Kartuschenfeld über dem Westportal dagegen nachgebaut. Kostbare barocke Originalskulpturen wurden, wider alle denkmalpflegerische Sorgfaltspflicht, in die Nachbau-Fassade integriert, aber die originalen wilhelminischen Küchenkeller abgeräumt. Über der Nordwestecke verschandelt ein viel zu hoher Caféaufbau die lange Linie der Lustgartenfassade – und die Fassadenfarben sind weitgehend eine moderne Erfindung.« (*Berliner Zeitung*, 29.5.2020)

Horst Bredekamp hat in dem bereits zitierten Zeitungsinterview die komplexen politischen und baugeschichtlichen Hintergründe von Kuppel und Kreuz umrissen, um dann den Seufzer auszustoßen: »Mich betrübt das Versagen gegenüber all diesen Spannungen, ohne die sich die Architektur und die sozialpolitische Prägung Berlins gar nicht verstehen lassen. Auch nicht ohne das Kreuz.« Auf die Rückfrage, ob sich dieses vermeintliche »Versagen« vielleicht auch einfach damit erklären lässt, »dass die Wirkmacht eines schlichten religiösen Symbols stärker ist als die Vermittlung solcher komplexen Zusammenhänge«, antwortete Bredekamp: »Das ist eine Wunde, die mich selber schmerzt. Wir haben erklärt, publiziert, Vorträge gehalten, Bücher geschrieben, Ausstellungen geschaffen, aber all das prallt an einer Wand des Nichthören-Wollens ab.« (*Der Tagesspiegel*, 4.6.2017)

Hier kommt eine Crux zum Ausdruck, die der Entscheidung, überhaupt zu rekonstruieren, ebenso eingeschrieben ist wie der Frage, was die Initiatorinnen und Initiatoren und die Gruppen, die sie für das Projekt des Fassadenaufbaus mobilisierten, damit eigentlich zum Ausdruck bringen wollten und ob das Ergebnis als Ganzes oder in Teilen nicht womöglich etwas anderes zum Ausdruck bringt. Die Crux liegt im Widerspruch zwischen komplexem unsichtbarem Inhalt und pointierter sichtbarer Botschaft. Sie wird noch verschärft durch die Entscheidung, die Rekonstruktion technisch in der Ausführung so zu behandeln, als sei dies ein Bau wie jeder andere, ohne Rücksicht auf seine einzigartige, historisch hoch aufgeladene Bedeutung. Es ist aber kein Bau wie jeder andere, denn er sendet mit seinen bisweilen fragwürdigen, äußerst starken Symbolen Botschaften aus einer Epoche, zu der, wie die eingangs zitierte Historikerin Christina Morina festgestellt hat, doch Konsens herrscht, dass sie »Gott sei Dank überwunden ist«, und das ungefiltert, unkommentiert, eins zu eins im Stadtraum des 21. Jahrhunderts.

Da zeigt sich noch einmal der am Anfang dieses Essays angedeutete Unterschied zwischen einer konservativen kunsthistorisch-denkmalpflegerischen und einer philologischen Annäherung an das Gebäude: Wo die eine jede Entscheidung untermauert, die in Einklang mit ihren wissenschaftlichen Befunden zum Objekt steht, zum Beispiel zur weitestmöglichen Genauigkeit einer Rekonstruktion, da nimmt die andere das Ergebnis in der Gestalt wahr, in der es seine Botschaften in die Welt sendet, und interpretiert diese Botschaften in dem Kontext, in dem sie an ihrem Ort in ihrer Zeit auf die Flaneurin und den Flaneur einwirken, die auf das Gebäude zuschlendern. Zu erwarten, dass jede Passantin und jeder Passant die entsprechenden Zusammenhänge parat hat, ja auch nur, dass sie sich dafür interessieren, wenn eine ganz andere Botschaft gleichzeitig mit solcher Wucht auf sie einwirkt wie die der nachgebauten Schlossfassade, der ihr aufgesetzten Kuppel, des Kreuzes und der Inschrift, ist weltfremd, der Sache aber auch unangemessen. Denn selbst wenn die Zusammenhänge bekannt sind, bleibt die sinnliche Wucht der Wirkung. Die lässt sich in Vorträgen, Büchern und Artikeln nicht wegredigieren. Und sie allein ist es, die im Stadtraum zählt. Sie bleibt zudem bestehen, auch wenn das historische Wissen über den Ort, soweit es überhaupt verbreitet ist, verblasst. Und das geht schnell.

Es ist ein wenig wie mit der Flagge über Buckingham Palace nach dem Tod von Lady Diana. Die Londoner Bevölkerung trauerte um die populäre Prinzessin, der Palast blieb seiner Linie treu, Emotionen öffentlich nicht zu zeigen. Aus

Unverständnis und Wut erwuchs aus der Menge die Forderung, die Queen möge die Flagge, die über ihrem Palast wehte, aus Respekt vor der populären Toten auf Halbmast setzen. Die Empörung war groß, dass das nicht längst geschehen war. Es gab dafür eine schlichte Erklärung, die in der Tradition und im Protokoll verankert war, nicht aber in der Wahrnehmung der Menschen: Der Stander weht über dem Palast lediglich als Zeichen dafür, ob die Königin sich im Palast befindet oder nicht. Es ist also gar kein Staatssymbol, das man protokollarisch auf Halbmast setzen könnte. In der der Queen und dem Protokoll, dem sie sich traditionell verpflichtet fühlt, eigenen Logik gibt es die Variante eines auf Halbmast wehenden Familienstanders nicht. Insofern war es für sich genommen konsequent, das Ansinnen abzulehnen. In seiner öffentlichen Wirkung jedoch war es verheerend und ließ sich auch nicht durchhalten. Für die in großen Scharen vor dem Palast trauernde Bevölkerung und für die Weltöffentlichkeit an den Fernsehbildschirmen ergab sich bis zum Bruch mit Tradition und Protokoll das Bild einer hartherzigen Königin, die die Flagge für Prinzessin Diana partout nicht auf Halbmast setzen wollte.

Ein ähnliches Aufeinanderprallen von komplexem Hintergrundwissen und daraus abzuleitenden Handlungsanweisungen auf der einen und unmittelbarer sinnlicher Wirkung, in diesem Fall eines massiven Eingriffs in den Stadtraum, auf der anderen Seite prägt die Präsenz des zum Humboldt Forum wiederaufgebauten Berliner Schlosses im Stadtraum. Es spiegelt sich auch in Horst Bredekamps Interpretation des

architektonischen Konzepts des Neubaus hinter der nachgebauten Barockfassade und unter der rekonstruierten Kuppel,
die, wie erwähnt, zum Teil heftige Ablehnung unter Archi-
tekturkritikerinnen und -kritikern erfuhr. Auch hier wird etwas im kunsthistorischen Kontext einleuchtend erklärt, das
aber zugleich eine sinnliche Wirkung erzeugt und womöglich eine ganz anderslautende Botschaft transportiert, die
schließlich auch im Wissen um die Erläuterung ihre Intensität nicht verliert:

»Aus dem Wettbewerb ging das Projekt des italienischen
Architekten Franco Stella erfolgreich hervor. Erneut war es
eine italienische Tradition, die dem Berliner Schloss das Gepräge gab, nachdem Andreas Schlüter um 1700 italienische
Formen des 16. und 17. Jahrhunderts auf eine höchst subti-
le Weise plastisch zusammengeführt hatte. Nun war es der
Rekurs auf den italienischen Rationalismus, der die Form
mitbestimmte. Stella entstammt jener Tradition der Architekturgeschichte des 20. Jahrhunderts, die als italienischer
Rationalismus nach dem Ersten Weltkrieg entstand, um
dem antihistorischen Elan der Futuristen eine Moderne entgegenzusetzen, die insbesondere an die Baulehre der Anti-
ke anknüpfte, um deren Architekturformen durch radikale
Reduktionen auf einen mathematischen Kern zu reduzie-
ren. (...) Die Grundregel des italienischen Rationalismus, alle
Formen auf den Prinzipien der mathematischen Ratio, der
Proportion und der Klarheit aufzubauen, bestimmten Stellas
Weigerung, den Bau Schlüters mit seinen neu konzipierten
Partien zu durchstecken. Beide stehen hart gegeneinander,

um in dieser Konfrontation deutlicher zusammenzuspielen, als es eine Vermischung der beiden Stile erlaubt hätte. In geradezu schroffer Klarheit entwickelt sich dieses Prinzip im östlichen Flügel des Schlosses, der zur Spreeseite hin als ein kraftvoller Riegel seiner Selbst inszeniert ist.«

Auch das Nutzungskonzept eines Humboldt Forums als Ort der Präsentation und Diskussion außereuropäischer Kulturen im Herzen Berlins kann Bredekamp historisch schlüssig herleiten (siehe seinen Posener Vortrag). Diese Herleitung ist beeindruckend, einleuchtend, aber auch hochkomplex. Sie setzt viel Wissen über die Geschichte der betreffenden Orte, der entsprechenden Institutionen und der handelnden Personen voraus. So wiederholt sich auch hier die Crux, die sich im Blick auf die Kuppel und ihr Kreuz sowie auf die Stella'schen Ostfassade zeigt: dass sich eine womöglich ganz richtige, vielleicht plausible oder zumindest nachvollziehbare Idee in der Architektur und im Stadtraum nicht immer in eine unmittelbar einleuchtende Botschaft übersetzen lässt. Und dass es am Ende nicht der Hintergrund einer Botschaft ist, die den Stadtraum prägt, sondern die Botschaft selbst.

Die Initiatorinnen und Initiatoren der großen Illusion einer Hohenzollern-Fassade haben es sich da von vornherein und konsequent einfacher gemacht und damit den Erklärungsnotstand anderen überlassen: Sie begnügten sich mit der Fassade, wissend um deren überwältigende rhetorische Macht. Das hatte schon als Trompe-l'Œil der Schlossfreundinnen und -freunde funktioniert, also als aufgemalte

Schlossfassade als bloßer Vorhang. Letzten Endes ist es beim zum Humboldt Forum wiederaufgebauten Berliner Schloss bei genau diesem Effekt geblieben, nur dass aus der Plane Sandstein geworden ist.

»Fight the Building«

Da steht sie also, die Fassade, und verhüllt das größte Kulturprojekt der Bundesrepublik Deutschland. In einem Interview mit dem Intendanten des Humboldt Forums im Berliner Schloss, Hartmut Dorgerloh, zitiert dieser auf der Website der Stiftung Humboldt Forum verschiedene Annäherungen seiner Mitarbeiterinnen und Mitarbeiter an den Bau, bis hin zu: »Fight the building«. Man wird es aber nicht dem Humboldt Forum allein überlassen dürfen, die Ratlosigkeit, die viele angesichts dieser monumentalen Diskrepanz zwischen Innen und Außen befällt, in einen kulturellen Gewinn für die Stadt, das Land und kommende Generationen zu überführen. Dazu wird gehören, denjenigen, denen es nicht nur um Fassaden, sondern auch um auf sie projizierte gesellschaftliche Entwürfe geht, etwas entgegenzusetzen. Wer eine Schlossfassadenattrappe so geschickt einsetzt, dass die Attrappe dann im Staatsauftrag unter Einsatz von Steuergeldern massiv noch einmal errichtet wird, der bringt seine Botschaft zwar laut unter die Leute, aber einen Zugriff auf das offene Gesellschaftsmodell, das sich viele Menschen wünschen, hat er deshalb nicht.

Damit, dass der prominenteste zentrale Bauplatz der deutschen Hautstadt besetzt ist und mit einer rückwärtsgewandten Botschaft die Stadt beherrscht, muss diese Stadt jetzt leben. Hier steht fortan der Stein gewordene Retro-Traum einer konservativen Elite der neunziger Jahre, die es ihrer Gegenwart noch einmal so richtig zeigen und beweisen wollte, dass diese Gegenwart nicht viel wiegt angesichts der Vergangenheit, zumindest architektonisch. Mit dem Geld und der kreativen Energie, die in dieses Projekt geflossen sind, hätte sich vieles realisieren lassen, wovon man jetzt nur noch träumen kann. Einiges wird man dem Bau und seiner Fassade auch abtrotzen können. – *Fight the building.*

Berlin wird lernen, mit dem cremefarbenen Block in seiner Mitte – den einen Geschenk, den anderen Zumutung – zu leben. Die Menschen werden sich, wie bei anderen funkelnagelneuen alten Bauten, etwa der Bertelsmann-Repräsentanz, dem Kronprinzenpalais oder dem Hotel Adlon (und wer weiß, was noch alles hinzukommen soll), nicht immer bewusst sein, dass es sich um *trompe-l'œil* handelt, um eine Serie von Illusionen, um Theater, dessen Inhalt die Kulisse ist, um die Ausstattung eines Traums von und damit eine Rückkehr nach Preußen.

Die Chance, hier etwas wegweisend Modernes für eine Stadt, eine geeinte Nation und eine Gesellschaft zu schaffen, ist nicht genutzt worden. Wieder einmal, ist man versucht zu sagen. Karl Scheffler formulierte in seiner Polemik *Berlin – ein Stadtschicksal* schon im Jahr 1910 eine Utopie: die Illusion eines idealen Bürgermeisters im Sinne der sich entwickelnden Stadt: »Man sieht diesen idealen Bürgermeister tun, was früher die großen Herrscher für Städte taten, und in Berlin vollbringen, was die Hohenzollern und die Bürger bisher versäumten: aus der Reichshauptstadt eine große, ganz moderne Bürgerstadt zu machen.«

Dass die Chance eine Jahrhundertwende später nicht genutzt wurde, lag nicht zuletzt daran, dass früh schlicht behauptet wurde, es sei evident, dass diese Gesellschaft diese Aufgabe eh nicht stemmen würde. Die Stimmen, die dem etwas entgegenzusetzen hatten, waren offenbar zu wenige, zu leise, oder sie verfolgten ihr Anliegen zu zaghaft. Gut möglich, dass das zehn Jahre später schon ganz anders ausgesehen hätte.

Der Architekturhistoriker Julius Posener (1904–1996), dessen Autobiographie den Titel trägt: *Fast so alt wie das Jahrhundert* und der eigene Erinnerungen an das Berliner Schloss hatte, steuerte 1993 zu einem vom Förderverein Berliner Stadtschloss herausgegebenen Katalog einen Aufsatz bei. Julius Posener betonte in seinem Beitrag nicht nur, das Schloss als Abschluss der Straße *Unter den Linden* sei, »sprechen wir es aus, ein städtebaulicher Zufall« gewesen, er schrieb auch, dass es »eine Barbarei« war, es zu sprengen, um hinzuzufügen: »Man hat es aber gesprengt. Und unsere Frage ist, ob man das ungeschehen machen kann.« Poseners Fazit und sein Rat lauteten:

»Man will es, verstehe ich es recht, in erster Linie aus städtebaulichen Gründen: die *Linden* brauchen einen Abschluss. Den brauchen sie, ohne jeden Zweifel. Mein Vorschlag ist der: Man lasse sich Zeit. Man baue an diese Stelle, ich meine an Stelle der alten Lustgartenfront eine Front, welche als Durchgang dienen möge: als Durchgang zunächst zu einem Garten. Es ist natürlich in höchstem Maße wünschenswert, dass an dieser Stelle der Stadt einmal ein Gebäude von großer Wichtigkeit für das Leben der Stadt stehen möge: etwas Lebendigeres als das alte verlassene Kaiserschloss. Wir wissen noch nicht recht, was das sein soll. Lassen wir uns Zeit. Und verbauen wir unsere Chancen nicht mit einer Wiederholung des alten Erinnerungsbaues, der schon 1918 nichts anderes mehr gewesen war als ein Erinnerungsbau. Würde man ihn wieder aufbauen, würde man der künftigen Geschichte der Stadt Berlin keinen guten Dienst erweisen.«

Lassen wir uns Zeit. – Die Hoffnung, dass auf diesen Rat gehört werden würde, war von allen natürlich die allergrößte Illusion.

Nachweise

S. 31/32 Conze: *Schatten* S. 14, S. 16, S. 255 | **S. 36** ebd. S. 261 |
S. 38 ebd. S. 15 | **S. 42** Bredekamp S. 295 | **S. 43/44** Thierse
in: Zickendraht S. 11 | **S. 47** Buttlar in: *Arch+* 241 (2020) S. 37 |
S. 52/53 Brissa S. 47, S. 41 | **S. 54** Buttlar in: *Arch+* S. 37 |
S. 54/55 Zajonz S. 162, S. 163, S. 164 | **S. 58/59** Bisky S. 697, S. 743;
Henselmann | **S. 60/61** Scheffler: *Berlin* S. 20 | **S. 62** Zimmer
S. 86 | **S. 63** Scheffler: *Berlin* S. 161, S. 144 | **S. 67** Haubrich S. 47 |
S. 68 Buttlar in: *Arch+* 241(2020) S. 37; Bisky S. 879 | **S. 74**
Scheffer: *Berlin* S. 222 | **S. 75** Scheffler: *Berlin* S. 127; Ostwald
S. 11 | **S. 77** Bisky S. 575 | **S. 79** Siedler in: *Abschied* S. 84; zit.
Stubbins in: *Das Haus. Die Kulturen. Die Welt* S. 29 | **S. 82** Freud,
Sigmund: *Zeitgemäßes über Krieg und Tod*, 1915, S. 131 | **S. 84**
Posener in: *Das Schloß?* S. 107 | **S. 94** Siedler ebd. | **S. 95** ebd. |
S. 98 ebd. S. 13 | **S. 100** ebd. S. 14; Siedler: *Abschied* S. 130; Sied-
ler in: *Das Schloß?* S. 22 | **S. 102** ebd. | **S. 103** ebd. S. 20 | **S. 105**
ebd. | **S. 106** Hildebrandt S. 13 | **S. 107** ebd. S. 13f.; Bredekamp
S. 290 | **S. 108** Hildebrandt S. 211, zit. ebd., zit. ebd. S. 210, ebd.
S. 201 | **S. 109** ebd. S. 11 | **S. 112** Bredekamp S. 293 | **S. 113** Brissa
S. 77 | **S. 114** Siedler in: *Das Schloß?* S. 14 | **S. 120/121** Kuhrmann
S. 23f. | **S. 121** Wefing S. 26f. | **S. 122** ebd. S. 29 | **S. 123** ebd. S. 30 |
S. 138 Wefing in: *Der Schlossplatz in Berlin* S. 129 | **S. 145/146**

Scheffler: *Stilmeierei* S. 9f. | **S. 150** zit. Conze: *Schatten* S. 24; zit.
Jahr S. 186 | **S. 151** ebd. | **S. 154** zit. Nonn: *12 Tage* S. 16, zit. ebd.,
ebd. S. 55, ebd. S. 21 | **S. 155** ebd. S. 23, zit. ebd. S. 29 | **S. 157** zit.
Geyer S. X | **S. 164** zit. Hildebrandt S. 171 | **S. 172** zit. Hildebrand
S. 150 | **S. 173** Bredekamp S. 289 | **S. 176/177** Goldenbaum S. 21 |
S. 189/190 Bredekamp S. 296 | **S. 193** Scheffler: *Berlin* S. 215;
Posener in: *Das Schloß?* S. 107 | **S. 194** ebd. S. 105, S. 107f.

Zitierte Literatur

Arch+ Zeitschrift für Architektur und Urbanismus, 241/2020.
Jens Bisky: *Berlin. Biographie einer großen Stadt.* Rowohlt,
  Berlin 2019.
Horst Bredekamp: »Vom Berliner Schloss zum Humboldt
  Forum: ein Paradigma deutscher Konfliktgeschichte«, in:
  Artium Quaestiones 30/2019.
Enrico Brissa: *Flagge zeigen! Warum wir gerade jetzt Schwarz-
  Rot-Gold brauchen.* Siedler, München 2021.
Christopher Clark: *Die Schlafwandler. Wie Europa in den Ersten
  Weltkrieg zog.* Deutsche Verlags-Anstalt, München 2013.
Eckart Conze: *Die große Illusion. Versailles 1919 und die Neu-
  ordnung der Welt.* Siedler, München 2018.
Eckart Conze: *Schatten des Kaiserreichs. Die Reichsgründung von
  1871 und ihr schwieriges Erbe.* dtv, München 2020.

Albert Geyer: *Geschichte des Schlosses zu Berlin*. Band 2: *Vom Königsschloss zum Schloss des Kaisers (1698–1918)*. 2. Aufl. Nicolai, Berlin 1992.

Laura Goldenbaum: »Die Sache mit dem Kreuz«, in: *Kunst und Kirche. Magazin für Kritik, Ästhetik und Religion*, 82.2/2019.

Rainer Haubrich: *Das Berliner Schloss*. Edition Braus, Berlin 2020.

Das Haus. Die Kulturen. Die Welt. 50 Jahre: Von der Kongresshalle zum Haus der Kulturen der Welt. Herausgegeben von Bernd M. Scherer. Nicolai, Berlin 2007.

Hermann Henselmann: *Reisen in Bekanntes und Unbekanntes*. Verlag für die Frau, Leipzig 1969.

Dieter Hildebrandt: *Das Berliner Schloss. Deutschlands leere Mitte*. Hanser, München 2011.

Christoph Jahr: *Blut und Eisen. Wie Preußen Deutschland erzwang: 1864–1871*. C. H. Beck, München 2020.

Anke Kuhrmann: »Was war der Palast der Republik? Erinnerungen an die Planungsgeschichte und Bedeutung des Palastes der Republik«, in: Stiftung Humboldt Forum im Berliner Schloss (Hrsg.): *Palast der Republik. Ein Erinnerungsort neu diskutiert*. Berlin 2017.

Christoph Nonn: *12 Tage und ein halbes Jahrhundert. Eine Geschichte des deutschen Kaiserreichs 1871–1918*. C. H. Beck, München 2020.

Christoph Nonn: *Das deutsche Kaiserreich. Von der Gründung bis zum Untergang*. C. H. Beck, München 2017.

Hans Ostwald: *Berlin: Anfänge einer Großstadt. Szenen und Reportagen 1904–1908*. Hrsg. von Thomas Böhm. Galiani, Berlin 2020.

Julius Posener: *Fast so alt wie das Jahrhundert*. Birkhäuser, Basel / Berlin / Boston 1993.

John C. G. Röhl: *Wilhelm II. Der Aufbau der Persönlichen Monarchie 1888–1900*. C. H. Beck, München 2012.

Karl Scheffler: *Berlin – ein Stadtschicksal*. Suhrkamp, Berlin 2015.

Karl Scheffler: *Stilmeierei oder Neue Baukunst. Ein Panorama Berliner Architektur*. Transit, Berlin 2006.

Das Schloß? Eine Ausstellung über die Mitte Berlins. Herausgegeben vom Förderverein Berliner Stadtschloß. Ernst und Sohn, Berlin 1993.

Wolf Jobst Siedler: *Abschied von Preußen*. Wolf Jobst Siedler Verlag, Berlin 1991.

Wolfgang Thierse: Vorwort zu Veronika Zickendraht: *Der Stoff, aus dem die Schlösser sind. Der Wiederaufbau des Berliner Schlosses. Wie Wilhelm von Boddien eine verrückte Idee wahr machte*. adeo Verlag, Asslar 2020.

Heinrich Wefing: »Der Palast der Republik als deutsch-deutscher Erinnerungsort«, in: Stiftung Humboldt Forum im Berliner Schloss (Hrsg.): *Palast der Republik. Ein Erinnerungsort neu diskutiert*. Berlin 2017.

Heinrich Wefing: »Raumwunder, Augentäuschung, Kulissentaumel, Friedensversprechen. Der Vorschlag von Axel Schultes und Charlotte Frank für den Berliner Schlossplatz«, in: Hannes Swoboda (Hrsg.): *Der Schlossplatz in Berlin. Bilanz einer Debatte*. Bostelmann und Siebenhaar Verlag, Berlin 2002.

Michael Zajonz: »Verloren, verdrängt, bewahrt, geheilt?«, in: Kulturland Brandenburg (Hrsg.): *Krieg und Frieden. 1945 und die Folgen in Brandenburg*. L & H Verlag, Berlin 2020.

Dieter E. Zimmer: *Nabokovs Berlin*. Nicolai, Berlin 2001.

Diesem Essay vorangegangen ist ein Rundfunkfeature in der Reihe *Zeitfragen* auf Deutschlandfunk Kultur in der Redaktion von Winfried Sträter und Susanne Arlt, gesendet am 9. September 2020. Dass ein Buch daraus geworden ist, ist Heinrich von Berenberg zu verdanken, dass es fertig geworden ist, Sophie von Heppe. Und vielen Dank an Eva Ehninger.

© 2021 Berenberg Verlag GmbH, Sophienstraße 28/29, 10178 Berlin

Konzeption|Gestaltung: Antje Haack | www.lichten.com
Satz|Herstellung: Büro für Gedrucktes, Beate Zimmermanns
Abbildungen: Einbandillustration von Antje Haack,
Frontispiz, S. 28/29, 116/117 und 174/175: akg-images,
S. 132/133: © Kuehn Malvezzi, S. 139: © Schultes Frank Architekten /
Axel Schultes Charlotte Frank
Reproduktion: Frische Grafik, Hamburg
Druck|Bindung: CPI – Clausen & Bosse, Leck
Printed in Germany
ISBN 978-3-946334-92-7